趣味历史

体验书

Interesting History Experience book

刘　政◎主编

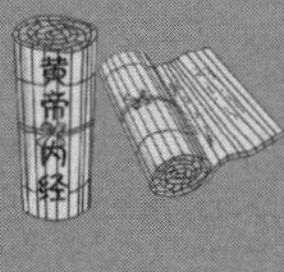

中国纺织出版社
国家一级出版社　全国百佳图书出版单位

内　容　提　要

本书精选了皇帝、君臣、圣贤及文化趣史，以图文并茂的形式引导中小学生进入灿烂悠久的历史世界。书中内容包括：闲话皇帝身边事、品读君君臣臣、领略贤人风采以及识闻文化谋略。

本书适合中小学生阅读使用，既可以作为家庭亲子读物，也可以作为中小学生课后辅导用书。

图书在版编目（CIP）数据

趣味历史体验书／刘政主编.--北京：中国纺织出版社，2017.7（2021.8 重印）
ISBN 978-7-5180-3417-8

Ⅰ.①趣…　Ⅱ.①刘…　Ⅲ.①中国历史—青少年读物　Ⅳ.①K209

中国版本图书馆CIP数据核字（2017）第064981号

责任编辑：赵晓红　　特约编辑：董　建　　责任印制：储志伟

中国纺织出版社出版发行
地址：北京市朝阳区百子湾东里A407号楼　邮政编码：100124
销售电话：010—67004422　传真：010—87155801
http：//www.c-textilep.com
E-mail：faxing@c-textilep.com
中国纺织出版社天猫旗舰店
官方微博http://weibo.com/2119887771
佳兴达印刷（天津）有限公司印刷　各地新华书店经销
2017年7月第1版　2021 年 8 月第 2 次印刷
开本：710×1000　1/16　印张：12
字数：151千字　定价：32.00 元

前言

兴趣是探索之门，体验是收获之锁，做任何事，有兴趣才能做好。我们这套书就像是打开探索科学的钥匙，向小朋友们循序渐进地讲解科学知识，在阅读过程中可以寻求爸爸妈妈、老师和同学的帮助，可以一起玩、一起做、一起学，让小朋友的课外生活变得更加丰富多彩。

本书内容包括闲话皇帝身边事、品读君君臣臣、领略贤人风采以及识闻文化谋略。书中分为历史名片、历史档案、知识链接三个模块，在各章的内容选择方面，我们侧重选取趣味性强、易于掌握的知识，知识链接能帮助小朋友们对这部分内容更好的理解，以延伸知识。小朋友们看到这些各色的皇帝、或忠贞或奸佞的臣子、智慧的贤人和灿烂的文化时，所激发出的探索欲望是家长无法想象的，这对于开发孩子的认知能力十分必要。图文并茂的写作形式使枯燥的文字阅读变成了一次奇特的时光之旅，历史知识变得可观、可感，更容易吸引孩子们的注意力，激发他们学习历史知识的兴趣。

需要注意的是，本书中部分故事叙述较难，小朋友可在家长的陪同下进行，增强理解性。由于编者水平有限，书中不足之处在所难免，诚恳期待广大读者批评指正。

编　者

2016 年 10 月

目录

第四章 识闻文化谋略／141

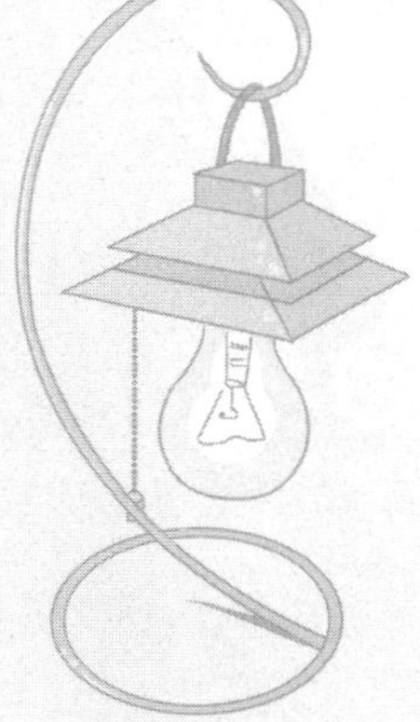

第一章
闲话皇帝身边事

皇帝，号称“真龙天子”，一个被神话了、放大了的名词。在中国封建社会两千多年里，皇帝们雄踞权力金字塔的顶端，傲视天下，他们或英才智道、或奢靡荒淫、或残忍凶狠、或愚昧无知。翻开历朝档案，我们会了解到各代皇帝的生平功业、人格品貌、喜怒哀乐、爱恨情仇，以及他们闹出的一件件匪夷所思的荒唐事。

1. “公天下”变成了“家天下”

历史名片

启，大禹之子，建立了中国历史上第一个王朝——夏朝。夏朝最高统治者称为后，所以夏启也被称为夏后启。夏王朝是中国历史上最初形成的国家，是中国奴隶主阶级建立和运用国家机器，确立和进行阶级统治的开端。

历史档案

大禹死后，他的儿子启继承了权位。启在与伯益争夺权位的斗争中获胜，并且杀死了伯益。而伯益本是大禹按照禅让制选定的传位对象，启的即位，打破了禅让制，成了历史上王位世袭继承制的开端，也就是“公天下”变成了“家天下”。启在位期间，建立夏朝，而且使夏朝走上了鼎盛时期。

知识链接

“少康中兴”是指夏帝太康失国数十年后，少康终于“坐钧台而朝诸侯”，重登天子之位。少康复国后，勤于政事，讲究信用。在他的治理下，天下安定，文化大盛，各部落都拥戴他，夏朝再度兴盛，史称“少康中兴”。

2.夏朝最后的一位国王

历史名片

夏桀，又名癸、履癸，谥号桀。桀是夏朝最后一个国君，是夏朝第16代君主姒发之子，在位52年。夏桀文武双全，力大无穷，赤手可以格杀虎豹、拉直铁钩，但他却荒淫无度、暴虐无道。

历史档案

夏桀骄奢淫逸，生活腐化，据《竹书纪年》记载，他“筑倾宫、饰瑶台、作琼堂、立玉门”。夏桀还从各地搜寻美女，藏于后宫，日夜与有施氏美女妹喜及宫女饮酒作乐。民众的生活则十分困苦，每遇天灾则妻离子散。夏代臣民指着太阳咒骂夏桀说：“时日曷丧，予及汝偕亡。”（“你这个可恶的太阳什么时候灭亡啊，我真愿意和你一道灭亡。”）

知识链接

商汤看到夏桀十分腐败，决心消灭夏朝。夏桀此时已是众叛亲离，而商汤领导有方，所以夏桀的军队很快被打败，夏桀也遭到了流放。就这样，一个新的强盛的统治王朝——商朝建立了起来。

3.盘庚迁殷，复兴商朝

历史名片

盘庚，甲骨文作般庚，子姓，名旬，商王祖丁之子，阳甲之弟，商朝第二十位君主。根据《夏商周年表修正》，在位28年。盘庚是商朝一位很有作为的君主，他为了改变当时社会不安定的局面，迁都到殷（今河南安阳），史称“盘庚迁殷”。

历史档案

公元前1300年，商朝自商王盘庚之后，定都于殷，因此商朝也称为殷朝。商朝在建立的前300年，都城一共搬迁了五次。因为王族内部经常为了争夺王位，发生内乱，再加上黄河下游常常闹水灾，为了稳定商朝的统治，帝王们不得不多次迁都。

知识链接

商朝的王位继承制是“兄终弟及”和“父死子继”相结合的方法。商王死后，王位就由弟弟继承，一直到没有弟弟为止，然后才会传给儿子，至于是传给最大王子的儿子，还是传给最小王子的儿子，则没有定制。因此，子侄之间就会引起争夺王位的斗争。

4."武王伐纣"建立西周

历史名片

发，西伯昌与太姒的嫡次子，西周的创建者。其兄伯邑考被商纣王所杀，他继承父亲的遗志，于公元前1046年讨伐商纣，商朝因此灭亡。

历史档案

商纣王生活奢靡，"以酒为池，以肉为林"，横征暴敛，人们的生活苦不堪言，社会矛盾越来越尖锐。这时，渭河流域的姬姓周部落首领姬发，在牧野举行了誓师大会，列数纣王罪状，鼓励军队同纣王决战。商纣被打败，姬发建立周朝，史称周武王，这段伐纣历史就被称为"武王伐纣"。

知识链接

商纣王和爱妃妲己设置了"炮烙"酷刑，把反对他们的人绑在烧得通红的铜柱上活活烙死。纣王的叔父比干规劝他，他竟凶狠地挖出了比干的心。

5.周幽王“烽火戏诸侯”

历史名片

周幽王，姬姓，名宫湦，周宣王姬静之子，西周第十二任君主。周幽王沉溺酒色，不理国事，在位期间各种社会矛盾急剧恶化，政局不稳，为政贪婪腐败，激起百姓怨愤，最终导致西周灭亡。

历史档案

周幽王为博宠妃褒姒一笑，听从虢石父的建议点燃了为防备犬戎侵犯而建造的二十多座烽火台。邻近诸侯看见烽火，赶紧带着兵马赶来，没想到一个敌人也没看见。诸侯们知道上了当，十分愤怒，各自带兵回去了。褒姒瞧见这么多兵马跑来跑去，终于笑了。然而，后来犬戎真的领兵来犯，周幽王再次点燃烽火求援，这次诸侯都以为又是玩笑，全都不理会。结果，周幽王被杀，褒姒也被犬戎掳走了。

知识链接

与周幽王形成鲜明对比的是周成王、周康王。成王时期，是周最为强盛的阶段，百姓安居乐业；康王在位期间，国力强盛，经济繁荣，文化昌盛，社会安定。后世将这段时期和成王末年的统治誉称为“成康之治”。

6.春秋五霸和战国七雄

历史名片

春秋五霸：齐桓公、宋襄公、晋文公、秦穆公、楚庄公。

战国七雄：齐、楚、燕、韩、赵、魏、秦。

历史档案

春秋时期，周天子失去了往日的权威，反而依附于强大的诸侯。一些强大的诸侯国为了争夺霸权，互相征战，争做霸主，先后称霸的有五个诸侯：齐桓公、宋襄公、晋文公、秦穆公、楚庄公，史称“春秋五霸”。

到战国中期，实力最强的七个诸侯国齐、楚、燕、韩、赵、魏、秦争雄的格局逐渐形成，这七个国家被史家称作“战国七雄”。

知识链接

城濮之战发生于鲁僖公二十八年（前632年），它是春秋时期晋、楚两国为争夺中原霸权而进行的第一次战略决战。在这场战争中，晋军击败了楚军，雄踞中原。城濮之战扼制了楚国的北进势头，稳定了中原形势，奠定了晋国的霸主地位。

7.越王勾践“卧薪尝胆”

历史名片

勾践，姒姓，名勾践，又名鸠浅、菼执，夏禹后裔，越王允常之子，是中国春秋时代后期的越国君主。勾践卧薪尝胆，灭吴国称霸，是春秋时期最后一位霸主。

历史档案

越王勾践听说吴国要建水军，不顾范蠡等人的反对，决定出兵灭掉吴国水军。但是，勾践却被夫差包围，只得假装投降。勾践被扣押三年，饱受侮辱，最终取得夫差信任被放回越国。勾践暗中训练精兵，每晚睡在柴草上，又在屋里挂了一个苦胆，时常尝尝苦胆的味道，提醒自己不忘过去的耻辱。最终，越国越来越强大，勾践趁夫差率兵外出，率领3000精兵攻下了吴国主城，又擒了夫差，终于完成了自己报仇雪耻的愿望。

知识链接

勾践灭吴后，范蠡隐退，并留下书信给谋臣文种，“高鸟散，良弓藏，狡兔尽，走狗烹”。文种得信后便称病不上朝，却被奸人所害，为勾践所不容。最后，被勾践赐死。勾践杀文种，正好说明勾践缺少了帝王的气魄，他只能达到霸主的高度，不可能成为一代帝王。

8.最早统一了中国的霸主

历史名片

嬴政，秦庄襄王之子，中国历史上最伟大的政治家、战略家、改革家、军事家，他建立了中国历史上的第一个统一的封建王朝——秦朝。秦的统一，标志着中国进入“大一统”政治时代，揭开了封建王朝的帷幕。

历史档案

秦王嬴政以强大的实力为后盾，采用远交近攻的策略，用了10年时间，先后灭掉韩、赵、魏、楚、燕、齐六国，终于完成统一六国的大业，建立秦朝。秦朝建都咸阳，秦王嬴政自称秦始皇，寓意秦王朝千秋万代。但是，从秦始皇到秦王子婴，传位皇帝只有三个，秦统治时间仅有15年。

知识链接

秦统一六国之前，各国的文字形体非常紊乱，同一个字所采用的声符、形符都有很大的差异，这给政令的推行和文化的交流造成了严重障碍。因此，秦始皇命令统一文字，制定出小篆，作为标准文字，通用于公文法令。后来又推行更为简便的隶书作为通用文字，秦的统一文字对推行法令、传播文化起了重要的作用。

9."布衣天子"定天下

历史名片

刘邦，本名刘季，出身平民，秦朝时曾担任泗水亭长，起兵于沛（今江苏省沛县），故称沛公。刘邦是汉朝（西汉）开国皇帝，庙号高祖，谥号为高皇帝，史称汉高祖、太祖高皇帝或汉高帝。他对汉族的统一、中国的统一强大以及汉文化的保护发扬有决定性的贡献。

历史档案

公元前206年至公元前202年，项羽、刘邦为争夺政权进行了一场大规模的战争，史称楚汉争霸。秦灭亡后，项羽自称西楚霸王，封刘邦为汉王。刘邦知人善任、勇于纳谏，以关中为根据地，终于由弱变强击败项羽。公元前202年，垓下一战，在四面楚歌之中，项羽走投无路，自刎而死。同年，刘邦称帝，国号汉，定都长安，史称西汉。

知识链接

公元前200年，匈奴首领冒顿举兵南下，与叛汉的韩王信联兵围困晋阳，刘邦亲自率兵迎击，被匈奴包围在平城白登山七天七夜之久。后来谋士陈平用计买通了冒顿的妻子，汉军才得以从匈奴的包围圈中脱身。

10.文帝、景帝“以德化民”

历史名片

汉文帝刘恒，汉高祖第四子，母亲薄姬，汉惠帝之庶弟。汉景帝刘启，汉文帝刘恒第五子，母孝文皇后窦氏（即窦太后），西汉第六位皇帝。

汉景帝刘启继承和发展其父汉文帝的事业，轻徭薄赋，与民休息，同父亲一起开创了国泰民安的盛世图景，历史上称这一时期的统治为“文景之治”。

历史档案

文、景二帝提倡节俭，对社会上的侈靡之风起到一定的制约作用。此外，文、景时期，对待匈奴和周边少数民族，以和为贵，尽量避免发生冲突；对强敌匈奴仍采取“和亲”政策。文帝、景帝相继废除了收孥相坐律令，黥、劓等刑，减轻了笞刑，通过这一系列改革措施，使经济得到发展，社会得到安定。

知识链接

养老令是汉文帝推行的一项关注老人的生活补助政策。养老令规定，80岁以上的老人，每月赐1斤米，20斤肉，5斗酒；90岁以上的老人，又加赐帛2匹，絮3斤。但是，犯过重罪或有罪待决的犯人不在此列。

11.汉武帝"戾太子巫蛊案"

历史名片

汉武帝刘彻，西汉第七位皇帝，是一位有雄才大略又善于用人的盛世君主。他开创了西汉王朝最鼎盛、繁荣的时期，使汉朝成为当时世界上最强大的国家。汉武帝晚年迷信神仙、巫师和方士，大兴"巫蛊之祸"。

历史档案

太子刘据性情温谨，仁爱宽厚，与武帝用法严苛、信用酷吏的性格大不相同。于是大臣中宽厚长者都依附太子，用法刻薄的官吏则对太子大加诋毁。有一次，一个名叫江充的官吏诬告太子行巫蛊事，诅咒汉武帝。太子知道这帮酷吏颠倒黑白的厉害，被逼之下，只好假传圣旨抓捕江充。不料又被人诬告是谋反，武帝不明就里，立刻派兵平叛。太子逃亡，最后被杀。这也就是汉代有名的"戾太子巫蛊案"。

知识链接

汉武帝刘彻是第一个使用年号的皇帝，公元前113年，武帝以当年为元鼎四年，并追改以前为建元、元光、元朔、元狩，每一年号六年。以前帝王没有年号，此是始创，并为后来的帝王所沿用。

12.“中兴”之君——刘病已

历史名片

刘询，原名刘病已，汉武帝刘彻曾孙，戾太子刘据之孙，史皇孙刘进之子，西汉第七代皇帝，史称汉宣帝。汉宣帝在位期间，政治清明、社会和谐、吏称其职、民安其业。

历史档案

汉宣帝即位后，采取了一系列措施来缓和武帝晚年以后越发紧张的社会矛盾。他一方面下令禁止官吏“行苛政”和“擅兴徭役”，另一方面改革弊政，废除武帝时期的一些严刑酷法，大大改变了武帝末年时期人人自危的恐怖局面，缓和了当时的社会矛盾，使社会出现了天下殷富、百姓安康的兴盛景象，被后世称为“中兴”之君。

知识链接

汉宣帝刘询是中国历史上一位在即位前受过牢狱之苦的皇帝。“戾太子巫蛊案”致使太子刘据的三个儿子、一个女儿都被杀，只有一个孙子因为仅有几个月大而没有遇害，但也被关押在监狱里，这就是刘询。后来在廷尉监邴吉、掖庭令张贺的保护、照顾下得以长大成人，并在大将军霍光的极力推荐下成为皇位继承人。

13.东汉开国皇帝——刘秀

历史名片

刘秀，汉高祖刘邦的九世孙，字文叔，中国东汉的建立者，庙号世祖，谥号光武皇帝。公元25年，刘秀与更始政权公开决裂，于河北鄗南千秋亭登基称帝，定都洛阳。为表刘氏重兴之意，仍以“汉”为其国号，史称“东汉”，又称后汉。

历史档案

东汉建立之初，刘秀为巩固政权、安抚天下，采取了一系列措施。政治方面，扩大尚书台的权力，使其成为皇帝发号施令的执行机构，所有权力集中于皇帝一身。军事方面，取消地方军队，扩大中央军队，加强中央的力量。经济方面，多次颁布释放奴婢和禁止残害奴婢的诏令，鼓励流民返乡垦荒，复员军队，让大批劳动力回乡从事农业生产。经光武帝多年努力，社会安定下来，经济得到恢复，史称“光武中兴”。

知识链接

更始政权即更始帝刘玄。刘玄，字圣公，西汉皇族后裔，汉光武帝刘秀的族兄。公元23年，刘玄被绿林军立为皇帝，年号更始，称更始帝。更始元年，王莽新朝灭亡，刘玄入主长安，成为天下之主。更始三年，更始政权在赤眉军和刘秀大军的两路夹击之下，土崩瓦解，刘玄向赤眉军投降，献出传国玉玺，至此更始政权灭亡。

14.汉灵帝自己的“小金库”

历史名片

汉灵帝刘宏，汉章帝刘炟的玄孙，世袭解渎亭侯。永康元年十二月，汉桓帝刘志去世，刘宏被外戚窦氏挑选为皇位继承人，于建宁元年正月即位。刘宏在位期间，巧立名目搜刮钱财，以用于自己享乐。

历史档案

汉灵帝刘宏没即位的时候为解渎亭侯，大概日子过得拮据，所以等他登基以后，常叹息“前任”皇帝桓帝没有私房钱，身体力行地要为自己谋“福利”。为了增加自己“小金库”的财政收入，他在西园公开卖官，明码标价。卖官得到的这些钱，全都归灵帝个人花费，他为此还专门在西园建了一座仓库来储存它们。

知识链接

汉灵帝还喜欢一些古怪的游戏，比如他常在西园赶着四匹白驴拉的车子，在宫内神气地驱驰；再比如，他在西园里弄些小狗，让它们佩着绶带，戴着高高的进贤冠，跑来跑去，用以取乐。

15.魏、蜀、吴三分汉家天下

历史名片

三国，指的是曹魏、蜀汉、东吴三个政权。三国鼎立是中国遭受十几年大破坏以后逐渐恢复统一的一个过渡阶段。

历史档案

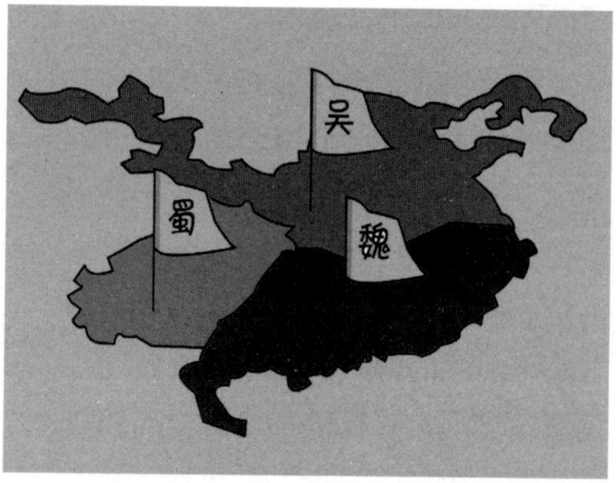

公元196年，曹操控制了刘协（汉献帝，汉朝最后一任皇帝），并迁都许昌。220年，曹丕篡汉称帝，国号“魏”，史称曹魏，三国历史正式开始。221年，刘备在成都接续汉朝，史称蜀汉。222年，刘备在夷陵战败，孙权获得荆州大部。223年，刘备去世，诸葛亮辅佐其子刘禅与孙权重新联盟，恢复国内生产。229年，孙权称帝，国号“吴”，史称东吴。至此三国正式鼎立，三分汉家天下。

知识链接

赤壁之战是奠定三国鼎立局面的著名战役。208年，曹操企图一举统一南方，带领大军南下，迅速占领荆州的部分地区。在荆州的刘备退驻樊口，只有兵力1万多人。而曹操拥有兵力20多万，实力相差悬殊。为破曹兵，孙、刘联合起来，利用曹军远来疲惫、不习水战、瘟疫流行之机，派黄盖诈降，采用火攻战法突袭曹军，曹军大乱，孙权大将周瑜与刘备主力军随即水陆并进，追击堵截曹操，曹军全线溃退。最后，曹操败走华容道，逃回江陵。

16.乐不思蜀的安乐公阿斗

历史名片

刘禅，蜀汉后主，小名阿斗，刘备之子，刘备去世后继位成为汉朝皇帝。诸葛亮等贤臣相继去世后，刘禅自身无力把持国政，蜀汉逐渐衰败。后魏国大举征伐蜀汉，刘禅投降，汉朝至此灭亡。

历史档案

公元263年，蜀汉被魏所灭。后主刘禅被俘，被押往魏都洛阳，魏封刘禅为安乐公。当时司马昭在魏国操持朝政，对这位安乐公并不放心。有一次，司马昭问刘禅是不是很想念蜀地？阿斗笑嘻嘻地回答说：“这儿好，我不想蜀地（此间乐，不思蜀也）。”没有一点难过的样子，一旁的随身大臣听了心里很不是滋味。这也就是“乐不思蜀”的由来。

知识链接

《三国志》记载，刘备给刘禅的遗诏中写到：“射君到，说丞相叹卿智量，甚大增修，过于所望，审能如此，吾复何忧？勉之，勉之。”射君就是射援，诸葛亮对射援称赞刘禅的智慧，射援又将这赞辞告诉了刘备，刘备很高兴予以勉励。诸葛亮不是阿谀奉承之人，刘备也颇有知人之明，由此可见刘禅也非鲁钝之人。至于“乐不思蜀”，或许有待推敲。

17.司马昭之心，路人皆知

历史名片

曹髦，字彦士，魏文帝曹丕之孙，东海定王曹霖之子，三国时期曹魏的第四代皇帝。曹髦十四岁时被立为帝，但只是一个傀儡，实权则由司马氏掌握。

历史档案

嘉平元年（249年），司马懿在洛阳发动政变，诛灭曹爽集团，从此魏国的实权为司马氏掌握，尤其是司马昭在当上大将军后，权重一时，他大肆屠杀曹氏家族人员，进而威逼傀儡魏帝曹髦让位于他，曹髦忍无可忍，气愤地对大臣说："司马昭之心，路人皆知。我不能坐等他来夺走皇位。"不久，曹髦策划除掉司马昭，但最终事情败露，反被司马昭杀死。后来，人们就用"司马昭之心，路人皆知"来比喻阴谋家的野心非常明显，已为人所共知。

知识链接

曹髦被杀，司马昭立曹奂为帝。从此曹魏政权中，再也没有人敢公开反对司马氏的统治。公元265年，司马昭之子司马炎废魏帝曹奂，自立为帝，国号"晋"，定都洛阳，史称西晋。司马炎就是晋武帝。

18.司马睿“衣冠南渡”建东晋

历史名片

司马睿，字景文，东晋的开国皇帝，司马懿的曾孙，琅邪武王司马伷之孙，琅邪恭王司马觐之子。晋愍帝被俘后，司马睿在晋朝贵族与北方大族的支持下于317年称晋王，318年在建康（今南京）称帝，为晋元帝。

历史档案

西晋末年，中原地区战乱，周边部族内徙建立割据政权，酿成永嘉之乱，中央朝廷受到威胁。晋建武年间，晋元帝司马睿率中原汉族臣民南渡，史称“永嘉之乱，衣冠南渡”，这是中原汉人第一次大规模南迁。“衣冠”代表文明的意思，衣冠南渡即中原文明南迁，晋朝首都迁至江东建康，自此史称东晋。

知识链接

原本司马睿素无重望，势力单薄，无论南渡还是登基，主要依赖北方大族王导、王敦兄弟的大力支持。王导位高权重，不管从哪个方面看，王氏家族都权倾朝野，司马睿不过是徒具虚名罢了。这就是“王与马，共天下”的典故。

19."草木皆兵"的败逃皇帝

历史名片

苻坚，前秦世祖宣昭皇帝，字永固 ，又字文玉，小名坚头，氐族，十六国时期前秦的君主。苻坚统一了北方，并攻占东晋蜀地，与东晋南北对峙。383年，苻坚发动战争意图消灭东晋，史称“淝水之战” 。

历史档案

公元383年，苻坚亲自率领90万大军从长安出发，挥师南下，欲图一举荡平偏安江南的东晋，统一南北。双方在淝水交战，晋国派大将谢石、谢玄领8万兵马迎战苻坚大军，首战就战胜前秦军的前锋。苻坚慌了手脚，趁夜去前线观察，看到晋军阵容严整，连晋军驻扎的八公山上的草木，也仿佛是漫山遍野的士兵。接着双方决战，前秦军被彻底击溃，损失惨重。苻坚仓皇而逃，听到风声鹤鸣，也以为是敌人的追兵又到了。从此留下“草木皆兵”和“风声鹤唳”两个成语。

知识链接

“五胡十六国”是指自西晋末年到北魏统一北方期间，曾在中国北部境内建立政权的五个北方民族及其所建立的政权。五胡指匈奴、鲜卑、羯、氐、羌；十六国指前赵、后赵、前燕、前凉、前秦、后秦、后燕、西秦、后凉、南凉、西凉、北凉、南燕、北燕、夏等十五个政权，连同西南氐族建立的成汉，总称十六国。

20.不得善终的“禅让”闹剧

历史名片

晋恭帝司马德文，东晋最后一位皇帝，晋孝武帝司马曜次子，晋安帝司马德宗之弟。元熙元年（419年）刘裕杀晋安帝，立司马德文为帝。元熙二年（420年），司马德文禅位于刘裕，东晋自此灭亡。

历史档案

东晋晚期，国家实权掌握在大臣刘裕手中。最终，晋恭帝在刘裕的逼迫下，写下一封“禅让”诏书，让出了皇帝的宝座和司马氏的天下，成为宋武帝刘裕手下的一名臣子，被“封”为零陵王。晋恭帝本想以这种方式换取一个过安生太平日子的机会，但却没能为自己争取到生存的理由。刘裕逼着零陵王自尽，零陵王自然不肯，士兵就用棉被将他活活闷死了。

知识链接

南北朝时期，刘裕建立的宋朝也没有维持多久。到宋顺帝刘凖时，又被迫通过“禅让”的方式“和平”转移给了齐高帝萧道成。而年仅13岁的废帝刘凖最终也难逃被杀的命运。

21.南齐君主的“兴”与“衰”

历史名片

南齐，是指南朝（即宋、齐、梁、陈南方四朝）的第二个朝代，其政权建立只有 24 年，共有 7 位君主。由萧道成篡夺刘宋政权而建。

历史档案

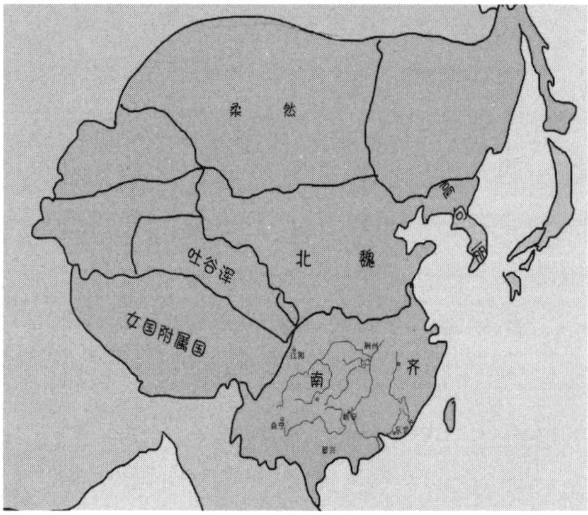

齐高帝萧道成建立政权后，推行了一些对社会发展有利的措施，其子齐武帝对生产也比较重视，因此社会上很快便呈现出一片升平景象。武帝末年，皇室贵戚生活腐化，大肆敛财。武帝死后，他的儿子们为争夺皇位而相互残杀，国家政局越来越混乱。齐明帝萧鸾通过流血政变登上皇位以后，先后诛杀了12位亲王。东昏侯萧宝卷更加残暴，前代皇帝的子孙几乎全部被他斩杀殆尽。501年，萧衍起兵进攻建康，次年废掉了齐和帝萧宝融，南齐灭亡。

知识链接

齐和帝萧宝融被逼将皇位“禅让”给了自己的大臣萧衍，被梁武帝萧衍封为“巴陵王”。没多久，武帝就派亲信赶到巴陵王的住所，假意要赏赐给他金银。巴陵王自知死期已到，推辞说：“我死用不着这些东西，只要美酒就足够了！”于是大醉被杀。

22.安死于枕席的后主陈叔宝

历史名片

陈叔宝，字元秀，小字黄奴，陈宣帝陈顼长子，陈朝最后一位皇帝，也称陈后主。陈叔宝在位时生活奢靡，不理朝政，日夜与妃嫔、文臣游宴，制作艳词。隋军南下时，他自恃长江天险，不以为然。祯明三年（589年），隋军攻入建康，陈叔宝被俘，陈朝灭亡。

历史档案

陈朝后主陈叔宝被擒之后，君臣一行被带回当时隋的都城长安。隋文帝当然不能放心，便派人时刻监视他。一次监视的人报告说："叔宝经常喝得烂醉，很少有清醒的时候。"隋文帝后来派人去节制后主的酒量，不久又说："算了，让他去吧，不如此，他怎么打发日子呢。"这应该就是陈叔宝能够"安死于枕席"的原因吧。

知识链接

陈叔宝喜爱诗文，《玉树后庭花》是其代表作："丽宇芳林对高阁，新装艳质本倾城；映户凝娇乍不进，出帷含态笑相迎。妖姬脸似花含露，玉树流光照后庭；花开花落不长久，落红满地归寂中！""玉树后庭花，花开不复久"成为有名的"亡国之音"。

23.北魏孝文帝的重大改革

历史名片

拓跋宏，献文帝拓跋弘长子，本姓“拓跋”，名宏，后改姓元，即元宏，南北朝时期北魏第六位皇帝，谥号孝文皇帝。孝文帝即位后，为缓和当时的阶级矛盾和民族矛盾，进行了均田、变法等一系列改革措施。

历史档案

公元493年，孝文帝拓跋宏借口南伐，迁都至洛阳，揭开了改革的序幕。他带领臣民学习汉族的文化知识、穿汉服、行汉制、改用汉族的姓氏，努力提高鲜卑人的文化水平，推动了民族之间的融合，也丰富了汉族的文化和语言。此后，孝文帝又推行均田制。农民分到了一定数量的土地，成为国家的编户，不但保障了地主的利益，也减轻了农民的负担。更重要的是，因为政权南移和国家日渐富裕，黄河流域从此被北魏牢牢掌控。

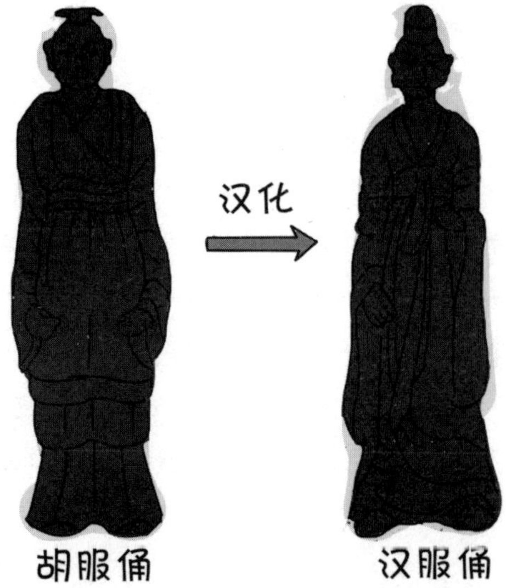

知识链接

北朝是中国历史上与南朝同时代的北方王朝的总称，其中包括了北魏、北齐、北周等数个王朝。北魏是北朝时代第一个王朝，又称后魏、拓跋魏、元魏。534年，分裂为东魏与西魏。东魏武定八年（550年），高洋废孝静帝，代东魏自立，建立北齐。西魏恭帝三年（557年）禅位于宇文觉，北周建立，北魏历史宣告结束。

24.北周灭北齐，宇文邕统一北方

历史名片

宇文邕，字祢罗突，鲜卑族，北周文帝宇文泰第四子，南北朝时期北周第三位皇帝，史称周武帝。宇文邕在位期间，政治清明，百姓生活安定，国势强盛。公元575年，宇文邕大举进攻北齐，统一了北方。

历史档案

公元572年，北齐名将斛律光受戮，北周皇帝趁势进军北齐。建德五年（576年），北齐帝高纬于平阳战败后，退至晋阳，北齐高阿那肱率军镇守高壁。周武帝宇文邕率军追至高壁，高阿那肱望风而逃。建德六年，北齐末帝高恒从邺城出逃至济州。宇文邕围攻邺城，北齐军战败。后北周军攻下信都，俘北齐任成王高浩、广宁王高孝珩等。随后，宇文邕遣军平定各地反抗势力，北齐灭亡，北周统一北方。

知识链接

北周灭北齐后，宇文邕针对继续发展的佛教实体，立即推行灭佛政策。毁寺庙4万，强迫300万僧尼还俗，相当于当时总人口数十分之一的人重新成为国家编户，使寺院占有的大量人口开始向国家纳税服役，这对急需兵力和财力的封建朝廷来讲，意义十分重要。

25.代周自立，三让而受天命

历史名片

杨坚，鲜卑赐姓普六茹，小名那罗延，隋朝开国皇帝，史称隋文帝，其父杨忠是西魏和北周的军事贵族，北周武帝时封为随国公。杨坚承袭父爵，后来又进封为随王，因此新王朝最初定名为“随”，后改成了“隋”。

历史档案

北周静帝宇文阐即位时才7岁，所以杨坚就以外戚身份控制了北周朝政。杨坚当上丞相之后就开始了篡夺北周大权的计划。他先是骗北周宗室五王到长安然后杀掉，又任用韦孝宽出兵打败了尉迟迥，消灭了对自己有威胁的政敌。西元581年，北周静帝以杨坚众望所归下诏宣布“禅让”。杨坚“三让而受天命”，定国号为大隋，宣布大赦天下。

知识链接

杨坚在位期间，成功地统一了严重分裂数百年的中国，开创先进的选官制度，发展文化经济，创造了农耕文明的巅峰时期，使得中国成为盛世之国。隋文帝杨坚在西方人眼中是最伟大的中国皇帝之一，被尊为“圣人可汗”。

26.隋炀帝真的是一无是处吗

历史名片

杨广，又名英，小字阿摐，隋文帝杨坚与文献皇后独孤伽罗次子，隋朝第二位皇帝，史称隋炀帝。隋炀帝在位期间，频繁地发动战争，穷奢极欲，滥用民力，致使民变四起，天下大乱，直接导致了隋朝的灭亡。

历史档案

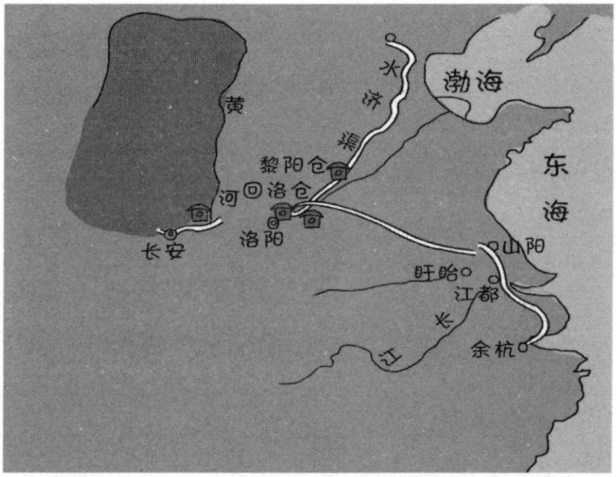

隋炀帝为了调运粮食和追求享乐，在公元605年征调几百万民工，开挖修建南北“大运河”，将钱塘江、长江、淮河、黄河、海河连接起来，形成以洛阳为中心，西通关中盆地，北抵河北平原，南达太湖流域的庞大运河系统。接着，隋炀帝顺河南下，一路游山玩水，全不顾及已经席卷全国的起义浪潮。在奢侈淫欲之后，迎来的是帝国的灭亡，而他自己也被大奸相宇文化及缢死在江都。

知识链接

京杭大运河虽是隋炀帝享乐之下的产物，但从实际作用来看，大运河横跨黄河流域和长江流域，将两个文明连接在一起，使南方和北方的交流更加顺畅，为中国后世的繁荣富强打下了坚实的基础。从这一点来看，隋炀帝应该是个毁誉参半的皇帝。

27.“玄武门之变”得帝位

历史名片

李世民，唐高祖李渊和窦皇后的次子，唐朝第二位皇帝，史称唐太宗。唐太宗是中国古代的一位伟大帝王，在位 23 年，任人唯贤，知人善用，广开言路，虚心纳谏，使唐朝经济发展，社会安定，出现了空前的繁荣。

历史档案

唐高祖李渊灭隋建唐后，立长子李建成为皇太子。武德九年六月初四庚申日（626年7月2日），当时的秦王李世民在唐帝国的首都长安城大内皇宫的北宫门——玄武门附近，发动了一次流血政变，史称“玄武门政变”。结果李世民杀死了自己的长兄太子李建成和四弟齐王李元吉，得立为新任皇太子，并继承皇位，是为唐太宗，年号贞观。

知识链接

唐太宗李世民是一个有雄才大略的人，在位期间关注农业，奖励学术，平东突厥、定薛延陀、征高句丽、联姻吐蕃、和高昌，使大唐国威远播四方。唐太宗则被西北诸国尊为“天可汗”，成为当时东方世界的国际盟主。当时年号为贞观，故史称“贞观之治”。

28.中国历史上仅有的一位女皇帝

历史名片

武则天，名武曌，也作武照，通称武则天或武后。其父曾为木材商人、唐初大臣。武则天精明聪慧，善于权谋，兼通文史书法，具有一个卓越的政治家的才干。武则天是中国历史上第一位女皇帝，也是唯一的一位女皇帝。

历史档案

649年，唐太宗去世，其子李治继位，是为唐高宗。武则天是唐高宗的皇后。唐高宗因患风眩，目不能视，就让武则天协助裁决政事，当时称为“二圣”。683年，唐高宗病死，太子李显即位，是为唐中宗。次年，武则天废中宗为庐陵王，另立李旦为皇帝，是为唐睿宗，不久废黜。688年，武则天加尊号为“圣母神皇”；690年，宣布改唐为周，自称“圣神皇帝”，终于成为中国独一无二的女皇。

知识链接

武则天实际执政近五十年，社会比较稳定，经济有所发展。武则天临终前，清醒地将皇位还于其子中宗李显，遗制“去帝号，称则天大圣皇后”。有意思的是，唐中宗将她与高宗合葬于乾陵，在陵前竖起无字碑，任后人评说。

29.不爱江山爱美人的唐明皇

历史名片

李隆基，唐睿宗李旦第三子，是唐朝在位最久的皇帝，史称唐玄宗。又因其谥号为“至道大圣大明孝皇帝”，故也称为唐明皇。唐明皇在位后期宠爱杨贵妃，怠慢朝政，逐渐丧失了以前那种励精图治的精神，为唐朝中衰埋下了伏笔。

历史档案

唐玄宗李隆基开元后期，由于安定繁荣的日子已久，开始不愿过问政事，只想安逸享乐。744年，他纳杨玉环为贵妃。杨玉环号太真，身材丰满，肤如凝脂，是中国古代四大美人的“羞花”。从此，唐明皇更是专以声色自娱，大肆挥霍，生活糜烂，唐朝社会危机四伏。“安史之乱”后，唐玄宗接受宦官高力士的劝言，为求自保，不得已之下，赐死了杨贵妃。最终杨贵妃被赐白绫一条，缢死在马嵬驿。

知识链接

“安史之乱”是755～763年所发生的一场对唐王朝的叛乱，前后达八年之久，是唐朝由盛而衰的转折点。“安”指安禄山及其子安庆绪，“史”指史思明及其子史朝义。“安史之乱”对唐朝后期的影响巨大，从此唐朝陷入了藩镇割据的局面。

30.风流才子亡国君——李煜

历史名片

李煜，原名从嘉，字重光，五代十国时南唐的末代君主，史称李后主。李煜在政治上毫无建树，南唐灭亡后被北宋俘虏，但他却是中国历史上首屈一指的词人，被誉为“千古词帝”。《虞美人》《浪淘沙》《相见欢》《望江南》《子夜歌》《破阵子》等作品千古流传。

历史档案

李煜登基时，宋太祖已经基本扫平天下，就只剩南唐、吴越、北汉。到他写下《浪淘沙》的时候，南唐已经灭亡，李煜被宋太祖软禁在都城汴梁。遥念故国江山，痛惜拱手予人的祖宗基业，再想故土难回，李煜心如刀绞，便写下了脍炙人口的《虞美人》。这首词感动了今天的读者，在当时却激怒了宋太宗，他派人毒死了李煜。后人不禁感叹：“便作词人秦柳上，如何偏属帝王家？”

知识链接

除了在写词上体现出的非凡造诣之外，李煜在书法上也匠心独运。他创制的“金错刀”书法，挺拔遒劲，风骨嶙峋，人称“倔强丈夫”。在书法理论上，李后主曾写过两篇《书述》和《书评》，堪称中国书法理论宝库中的珍品。

31.辽道宗如何平定“重元之乱”

历史名片

耶律洪基，字涅邻，小字查剌，辽兴宗耶律宗真长子，辽朝第八位皇帝，史称辽道宗。辽道宗即位后，先后信用权奸耶律重元、耶律乙辛等，致使统治集团内部争斗趋于激烈。后来辽道宗派兵平定了叛乱，史称“重元之乱”。

历史档案

辽兴宗耶律宗真在位时加封其弟耶律重元为“皇太弟”。辽道宗耶律洪基继位，尊重元为皇太叔、天下兵马大元帅。耶律重元之子涅鲁古在兴宗时，已进封楚王，道宗更委以重任。重元父子权势日重，遂阴谋夺取皇位。辽清宁九年（1063年），耶律重元父子乘辽道宗耶律洪基前往太子山秋猎之机，发动叛乱，进攻辽道宗行宫。但由于南院枢密使耶律仁、耶律乙辛等率宿卫士卒反击，政变被粉碎。涅鲁古战死，重元自杀。

知识链接

辽道宗耶律洪基笃信佛教，印大量佛经和建筑寺塔，劳民伤财，促使社会矛盾激化，使辽国开始由强盛转向衰落。而后被辽统治者压迫的女真族开始兴起，最终成为辽国的掘墓人，辽灭金兴。

32.陈桥兵变，建立赵家王朝

历史名片

赵匡胤，字元朗，小名香孩儿，赵九重，宋王朝的开国皇帝，史称宋太祖。960年，赵匡胤发动“陈桥兵变”，黄袍加身，代周称帝，建立宋朝。他在位期间，加强中央集权，提倡文人政治，开创了中国的文治盛世。

历史档案

959年，后周世宗病死，其子柴宗训即位，年仅7岁。殿前都点检、归德军节度使赵匡胤与石守信、王审价等结义兄弟掌握了军队实权。960年，赵匡胤借口抵御北汉和辽军的南犯，领军北上。从大梁（今河南开封）出发，行至陈桥驿，赵匡胤的胞弟赵匡义（即宋太宗）和赵普授意众将士把黄袍披在赵匡胤身上，拥立他为皇帝。赵匡胤率军回开封后，逼恭帝柴宗训禅位，夺去了政权，改国号为宋，建立了赵家王朝。

知识链接

赵匡胤夺得后周政权后，决定削大将兵权。961年，晚朝时宋太祖把石守信等禁军高级将领留下来喝酒。酒兴正浓时，宋太祖突然屏退侍从，叹了一口气，给他们讲了一番自己的苦衷。一席话，软中带硬，使这些将领知道已经受到了猜疑，可能会有杀身之祸。第二天，石守信等上表称自己有病，纷纷要求解除兵权，宋太祖欣然同意。这就是历史上著名的“杯酒释兵权”。

33.澶渊之盟确立的“叔侄关系”

历史名片

赵恒，初名赵德昌，后改赵元休、赵元侃，宋太宗第三子，北宋第三位皇帝，史称宋真宗。宋真宗性格较为懦弱，缺乏开拓创新的决心和勇气。他认为坚持太宗晚年推崇的黄老无为思想，继续守成的局面是最好的选择。宋辽签订“澶渊之盟”后，政治上趋于保守。

历史档案

澶渊之盟

公元1004年，辽萧太后与辽圣宗耶律隆绪以收复瓦桥关为名，亲率大军深入宋境。宋廷朝野震动，当时除了极少数主战派，满朝上下都劝宋真宗迁都避战，真宗本来御驾亲征的意图也就此作罢，甚至准备迁都南逃，但是宰相寇准以无可匹敌的勇气劝他留下来抗辽，真宗终于下了决心，亲临澶州督战。后来，双方形成了对峙，于是达成停战协议，宋朝每年向辽提供30万“岁币”，宋与辽确立为叔侄关系，双方开放边境贸易等。因澶州又名澶渊，因而史称“澶渊之盟”。从此，辽、宋之间基本上消除了战争。

知识链接

30万“岁币”即契丹银10万两、绢20万匹。对于北宋来说，“澶　渊之盟”表面上看是个屈辱的合约，但是30万的岁币和迁都比起来，代价简直不值一提。此后，北宋迈向了巅峰，之后的宋仁宗时期就算称为整个中国封建社会时期的巅峰，都不为过。

34.历史上的梁山起义如何被镇压

历史名片

赵佶，宋神宗第十一子、宋哲宗之弟，宋朝第八位皇帝，史称宋徽宗。宋徽宗即位之后启用新法，在位初期颇有明君风范，后经蔡京等大臣的诱导，政治情形一落千丈，国亡被俘受折磨而死。

历史档案

宋徽宗时，当地官府见梁山泊有利可图，就收归公有。打鱼捕虾的农民要按船只纳税。很多农民交不起沉重的租税，就在宋江的领导下走上了起义的道路。公元1119年，梁山起义震动朝廷，宋徽宗下旨招安，但被宋江拒绝了。后来宋徽宗派兵攻打梁山，结果失败而归。公元1121年，宋徽宗又派人前去招降和镇压，并将宋江的起义军诱骗到海边作战，就这样梁山上的起义军落在了敌军的埋伏中，宋江等人只好投降。

知识链接

宋徽宗赵佶在治国方面没有建树，但却是一位风流才子。宋徽宗在艺术上最出名的是他的绘画，尤其是花鸟画，惟妙惟肖，呼之欲出。他还自创一种书法字体，被后人称之为“瘦金体”。瘦金书的意思是美其书为金，取富贵意义，也以挺劲自诩。赵佶传世的书法作品很多，其中笔法犀利、铁画银钩、飘逸劲特的《秾芳依翠萼诗帖》为大字楷书，是宋徽宗瘦金书的杰作。

宋徽宗是古代少有的艺术天才与全才，不禁被后世感叹“宋徽宗诸事皆能，独不能为君耳！”

35.奇耻大辱——“靖康之难”

历史名片

赵桓，原名赵亶，又名赵煊，宋徽宗赵佶长子，宋高宗赵构异母兄，宋朝第九位皇帝，北宋末代皇帝，史称宋钦宗。宋钦宗为人优柔寡断、反复无常，对政治问题缺乏判断力和敏锐力。靖康之变时被金人俘虏北去，贬为庶人。

历史档案

靖康元年（1126年），金军仅以4万人南下，连破北宋27州，直指宋都汴梁。宋徽宗为了逃避责任，竟然吓得赶紧把皇位让给了儿子钦宗，自己做起了太上皇。宋钦宗即位后，竟然亲自到金营求降，还下令各路勤王兵停止进发，甚至镇压自发组织准备抵抗金兵的军民。金军于是肆无忌惮地大肆搜刮，汴梁平民遭受了巨大灾难。1127年，金军俘虏了宋徽宗、宋钦宗和后妃、皇子、宗师、贵卿等数千人后北撤，史称“靖康之难”。这给宋朝历史留下了奇耻大辱，北宋至此灭亡。

知识链接

靖康之变北宋灭亡后，1127年5月，原任河北兵马大元帅的赵宋皇族康王赵构，在金军退走之后，于南京（今河南商丘南）即位，仍沿用大宋国号，史称南宋，是为宋高宗。

36.抛弃赐姓，自立为帝

历史名片

元昊，全名李元昊，党项族，中国西夏的开国皇帝，史称夏景宗。他十分不满于先辈称臣于宋，特别是依赖宋朝的恩赐而改变本民族的生活习惯。于是首先抛弃了唐、宋王朝赐封给其祖的李姓、赵姓，改姓嵬名，称“吾祖”。“吾祖”为党项语，意为“青天子”。

历史档案

元昊是党项族的杰出首领，他精通汉文，熟悉宋朝典章兵法以至佛经。他对蕃、汉各族情况都很熟悉，注意吸取汉族的统治经验，并多方争取宋朝境内失意的知识分子为他所用。元昊模仿宋朝制度，建立中央、地方组织。元昊还命大臣仿照汉字创造西夏文字。1038年，元昊正式称帝，国号大夏，史称西夏。元昊建国后，西夏与宋朝的外交关系正式破裂。河曲之战中他击败御驾亲征的辽兴宗，奠定了宋、辽、夏三分天下的格局。

知识链接

元昊后期陶醉于自己的赫赫战功，不理朝政，经常和诸妃嬉戏、纵情声色。他给儿子宁令哥娶妻，见其貌美，就夺为己有，并立为“新皇后”。宁令哥难以忍受夺爱之恨，于是持戈进宫刺伤元昊。元昊被削去了鼻子，受了惊吓，又急恼不过，鼻创发作，于1048年死去。夏国的开国皇帝党项族的一代英主，就这样中道而亡了。

37.使蒙古草原统一的时代英雄

历史名片

孛儿只斤·铁木真，蒙古帝国开国君主，尊号“成吉思汗”，意为“拥有海洋四方的大酋长”。世界历史上杰出的政治家、军事家。至元二年（1265年），元世祖忽必烈追尊成吉思汗庙号为太祖，谥号为圣武皇帝，是为元太祖。

历史档案

蒙古部主忽都剌汗死后，蒙古部众大都在札木合控制之下，铁木真投靠札木合，随他游牧。铁木真笼络人心，招徕兵马，最后脱离札木合，建立自己的部落。约在1180年前后，铁木真称汗。铁木真英勇善战，先后征服了各个部落。1206年，铁木真在蒙古的根本之地斡难河源头举行库里台选汗大会，被推举为成吉思汗，蒙古汗国宣告成立。蒙古草原统一的时代终于到来了。

知识链接

1219～1225年，成吉思汗发动了第一次蒙古西征。后其孙子拔都、旭烈兀又进行了第二次、第三次西征。这三次西征涉及黑海、伊拉克、伊朗、印度、钦察、俄罗斯、匈牙利、波兰、叙利亚、埃及等国家或地区。蒙古三次西征，令成吉思汗及其子孙被人称为“世界征服者”，打通了东西方的经济和文化联系。

38.一统天下的皇觉寺小和尚

历史名片

朱元璋，字国瑞，幼名重八，参加元末农民起义后改名为德裕，最后再改名为元璋。明朝开国皇帝，史称明太祖，俗称洪武帝、朱洪武，卓越的军事家、战略家、统帅。朱元璋统治时期被称为“洪武之治”。

历史档案

元朝末年，统治腐朽，经济崩溃，灾害连年。朱元璋实在走投无路之下，想起幼时曾经许愿舍身的皇觉寺，于是在寺里剃度为僧，做了小行童。1351年，韩山童、刘福通等在颍州起义。各地农民纷纷响应。朱元璋接到了好友汤和的邀请信，思量再三，参加了当时的濠州大帅郭子兴领导的红巾军分支，先后南征北战。1364年，朱元璋自称吴王，史称西吴政权。1368年，朱元璋称帝，以应天府（今南京）为京师，国号“大明”，建立了明朝。不久他又命徐达、常遇春等北伐元朝。明太祖朱元璋，攻占大都（今北京），元顺帝北逃，中国从此进入明朝的统治。

知识链接

洪武十五年（1382年），朱元璋废除仪鸾司，改设锦衣卫，作为皇帝侍从的军事机构。锦衣卫建立前的仪鸾司不过是替皇帝掌理仪仗的普通侍卫机构，改为锦衣卫后，权力大增。除掌管侍卫职权外，还有巡察缉捕和审理诏狱的权力，实际上是明朝设立的特务组织。

39.靖难之役，叔夺侄位登基

历史名片

朱棣，朱元璋第四子，明朝第三位皇帝，史称明成祖。朱棣受封燕王，后发动靖难之役，夺位登基，在位期间营建并迁都北京，作为历史上第一个定都北京的汉人皇帝，奠定了北京此后500余年的首都地位。明成祖是功绩累累的一代雄主，其统治时期被称为“永乐盛世”。

历史档案

朱元璋死后，皇太孙朱允炆继位，是为惠宗，年号建文。建文帝立刻与亲信大臣齐泰、黄子澄等密谋削藩。周王、代王、齐王、湘王、岷王等先后或被废为庶人，或被杀。同时以边防为名调离燕王的精兵，准备削除燕王。结果燕王朱棣在姚广孝的建议下以“清君侧”的名义，发动靖难之役，最终占领了南京，建文帝在宫城大火中下落不明。朱棣胜利，靖难之役告终。朱棣革除建文年号，次年改元永乐。永乐元年，朱棣登基，是为明成祖。

知识链接

朱棣即位之后，先是出击安南，后又亲自五入漠北攻打蒙古以绝后患。在文治上，朱棣下令编写《永乐大典》，三年即成。永乐三年始，朱棣派郑和下西洋，规模空前，扩大了明朝的影响力。

40.不愿上朝的万历皇帝

历史名片

朱翊钧，明穆宗朱载垕第三子，明朝第十三位皇帝，史称明神宗。隆庆六年，穆宗驾崩，10岁的朱翊钧即位，次年改元万历。朱翊钧在位48年，是明朝在位时间最长的皇帝。他在位前十年，由张居正主持军政大权，使社会经济有了很大发展，史称“万历中兴”。

历史档案

万历皇帝成年后，因为立太子的事情与文官集团发生了长达十几年的争执，最后他索性三十年不出皇宫、不理朝政、不接见大臣，以至于很多大臣都不知道皇帝长什么样子。万历皇帝不上朝的主要原因就是皇权与文官制度发生了剧烈冲突，皇权受到压制，万历用消极的方式对抗。万历皇帝虽然不愿上朝，但是并没有因大臣与他作对，甚至谩骂皇帝和他宠爱的贵妃而杀掉任何一个人，是相当宽仁的。而且，不上朝并不是不办公，万历年间的国家大事小情都是万历皇帝来自处理的。

知识链接

万历皇帝死去的时候，大明帝国已经内外交困、风雨飘摇。而“明末三大案”即梃击案、红丸案和移宫案，其实本身并不是很重要，但是却标志着明末纷乱和衰亡的开始。

41.康熙皇帝如何平定三藩

历史名片

爱新觉罗·玄烨，顺治帝福临第三子，清圣祖仁皇帝，清朝第四位皇帝、清定都北京后第二位皇帝，年号康熙，即康熙帝。康熙帝在位 61 年，是中国历史上在位时间最长的皇帝，被后世尊为“千古一帝”，奠定了清朝兴盛的根基。

历史档案

康熙帝执政后，南方的三个藩王，平西王吴三桂、平南王尚可喜、靖南王耿仲明让康熙帝十分担心。一次，吴三桂、耿精忠（耿仲明的孙子）想试探康熙帝是否有削藩之意，就假惺惺地主动提出撤藩削爵。康熙帝当然同意，而吴三桂恼怒之余，在云南起兵，并联系尚可喜之子尚之信和耿精忠一起叛变，史称“三藩之乱”。康熙帝一面集中兵力讨伐吴三桂，一面停止撤销尚之信、耿精忠的藩王称号，把他们稳住。尚之信、耿精忠一看形势对吴三桂不利，就投降了。后来吴三桂的力量渐渐削弱，处境十分孤立。经过八年战争，吴三桂兵败病死。清军最终平定了叛乱势力，统一了南方。

知识链接

大清帝国从康熙帝平定三藩之乱起，开始出现经济全面繁荣的局面，经过雍正、乾隆两朝，清朝国力达到鼎盛，史称“康乾盛世”。这一阶段，康、雍、乾三位皇帝表现出色、成就非凡，对中华民族贡献卓著。到乾隆时代，清朝的疆域仅次于元朝，但实际有效控制区域超过了中国历史上的任何时期。

42.大清王朝的“十全老人”

历史名片

爱新觉罗·弘历，雍正帝胤禛第四子，清朝第六位皇帝，即乾隆帝，庙号清高宗。乾隆帝在位六十年，退位后当了三年太上皇，实际掌握最高权力长达六十三年之久，是中国历史上执政时间最长、年寿最高的皇帝。

历史档案

乾隆皇帝曾自我总结一生有“十全武功”，自诩为“十全老人”，其实是他的自我夸耀之词，意思是指他一生中的十次重大军事行动。这十次重大军事行动即：两次平定准噶尔之役，平定大小和卓之乱，两次金川之役，镇压台湾林爽文起义，缅甸之役，安南之役及两次抗击廓尔喀之役。乾隆皇帝是一个天生强势的帝王，实际上他的“武功”不全是正义和福音，疆域开拓过程中，杀戮甚众。他的“十全武功”，不少是凑数的。

知识链接

人无完人，乾隆皇帝好大喜功、专制骄横，曾六下江南，大肆搜刮民脂民膏，大兴“文字狱”，政治上也越来越腐败。尤其是其晚年重用大奸臣、“贪官之王”和珅，使清朝国库逐渐虚空，百姓生活贫苦不堪。

43.虚坐龙椅的傀儡皇帝

历史名片

爱新觉罗·载淳，清文宗咸丰帝长子，生母孝钦显皇后叶赫那拉氏（即慈禧太后），清穆宗，清朝第十位皇帝，也是清军入关后第八位皇帝，年号“同治”。同治帝在位13年，前12年是在两宫太后垂帘听政情况下的傀儡皇帝，最后只亲政了一年便猝然去世。

历史档案

1861年，咸丰帝去世，6岁的载淳即位，年号祺祥。载淳年纪尚小，便出现了慈禧太后干扰朝政的事情。后来，慈禧太后拉拢慈安皇太后，联合恭亲王奕䜣，发动了辛酉政变，彻底肃清了她的政敌。载淳举行了象征性的登基典礼后，两宫皇太后正式垂帘听政，改年号为同治。恭亲王等人还制定了《垂帘章程》，从此慈禧开始了她对中国长达48年的统治。傀儡皇帝载淳，虚坐了13年龙椅，这个短命皇帝也是清朝十二帝中寿命最短的。

知识链接

同治皇帝在位期间，清政府镇压了“太平天国”起义，剿灭了西、东捻的作乱。并且先后平定陕西、甘肃的回变，同时兴办洋务新政，这一时期史称“同治中兴”。

44.清朝末代皇帝——溥仪

历史名片

爱新觉罗·溥仪，小名“午格”，字耀之，号浩然，清朝最后一位皇帝，也是中国封建帝制历史上的最后一位皇帝，年号“宣统”，故后世称之为“宣统皇帝”。1912年，溥仪退位，清朝就此结束。

历史档案

宣统三年（1911年）辛亥革命爆发，各省纷纷宣布独立。1912年溥仪逊位，清王朝正式结束了在中国的统治。之后溥仪经过了短暂的帝制复辟，1917年复辟帝制宣告失败。1932年溥仪在日本关东军的策划和扶持下就任了伪满洲国的“皇帝”，年号“康德”，又称康德皇帝。1945年日本投降，溥仪被苏联红军俘虏，五年后被遣返回中国，关押在抚顺战犯管理所。1959年，溥仪被特赦出狱。1967年溥仪因病在北京去世。

知识链接

爱新觉罗·溥仪著有《我的前半生》一书。最早的《我的前半生》的基调即“我罪恶的前半生”，是一本具有悔过书性质的作品。《我的前半生》记录了溥仪从登基到流亡再到接受新中国“改造”的过程，是一部回忆录，更是一本特定历史环境下的自省书。书中可以清晰地瞥见特定历史环境下末代皇帝的悲剧与喜剧，他的人生道路凝聚着近现代社会的变迁。

第二章
品读君君臣臣

所谓“一朝天子一朝臣”，在两千年的中国封建社会中，君臣关系是独特的文化群相。君强臣弱，君弱臣强，君臣浮沉间，上演了一场历史大戏。一般来说，才干与道德总是联系在一起的。谨慎敬业的大臣，必有真政绩，既可能因此得到皇帝赏识，但也可能因此而受到皇帝的猜忌，稍有错误，就可能受到整肃。自古以来，君臣之道，缺乏的不是才干，而是道德。皇帝与大臣之间既合作又斗争的博弈过程，揭示了中国古代权力游戏中的规则。

1.关龙逄引“黄图”直谏而死

历史名片

关龙逄，夏朝的大夫、贤臣，夏朝末年中国第一位以死谏君的忠臣。古代有善养龙者，故有豢龙氏，关龙逄为古豢龙氏的后代，也称豢龙。他为民请命，勇于犯上死谏，成为死谏开先第一人，千百年来一直为人们所拥戴。

历史档案

对于夏桀的暴行，关龙逄实在看不下去，经过长期思考后，决定以献黄图，进行死谏。黄图，是一种关于地舆、陵庙、宫观、明堂等事的图画，借此说明当前有亡国的可能，形势十分危急。关龙逄到夏桀居住的王宫，夏桀正和妹喜寻欢作乐。关龙逄献了黄图，说明来意，故意立而不去。夏桀看到关龙逄的样子，对这个净说不中听的话的关龙逄厌烦极了，便什么也不说烧毁了黄图。接着喊来士兵把关龙逄囚禁起来，不久就把他杀了。

知识链接

关氏的始祖，就是关龙逄。《姓源》一书上记载：“夏臣关龙逄之后，望出陇西，东海。”遍布于世界各地的关姓家族，有很多都相承相袭着“陇西”的堂名。关氏家族在历史上的表现十分出色，解州关帝爷关羽，就是其中最为出类拔萃的一位。

2.浩然正气忠良臣——比干

历史名片

比干，子姓，名干，商朝贵族，商朝帝王太丁的次子，帝乙的弟弟，帝辛的叔叔，官少师（丞相）神灵。因其封国于比，故人称其为比干。比干留给后人印象最深刻的就是他的“忠”，被赞为“三代孤忠”“亘古忠臣”。

历史档案

比干幼年聪慧，勤奋好学，20岁就以太师高位辅佐帝乙，后又受托孤重辅帝辛（纣王）。比干主张减轻赋税徭役，鼓励发展农牧业生产，提倡冶炼铸造，富国强兵。商纣王暴虐荒淫，比干叹道：“主过不谏非忠也，畏死不言非勇也，过则谏不用则死，忠之至也”。于是到摘星楼强谏三日不去。纣王问何以自恃，比干答：“恃善行仁义所以自恃”。纣王怒道：“吾闻圣人心有七窍信有诸乎？”遂杀比干剖视其心，终年64岁。

知识链接

据传，比干被杀后，夫人妫氏甫孕三月，害怕祸及到身，逃出朝歌，不久在长林（今河南淇县）产一男婴，名泉。周武王伐纣，天下大定，四处寻找比干后人，得知其遗孤生于长林，于是赐林姓，改名为坚。从此，开天下林氏一族，比干也被尊为今日林姓的太始祖。

3.周公平叛，天下归一

历史名片

周公，姓姬名旦，也称叔旦，是周文王姬昌第四子，周武王姬发的弟弟，因其封地在周，爵为上公，故称周公或周公旦。周公是西周初期杰出的政治家、军事家、思想家、教育家，被尊为“元圣”和儒学奠基人。

历史档案

西周建立之后，周武王把商纣之子武庚封于商都，借以控制商人；封其弟管叔、蔡叔、霍叔为侯，监督武庚；又将周公封于鲁、姜尚封于齐、召公封于燕。武王死后，其子继位。因成王年幼，由周公摄政。管叔、蔡叔对周公不满，散布流言，说周公意在谋取王位。不久，武庚与管、蔡串通一起发动叛乱。周公调大军东征，用了三年时间，终于平定了武庚与管、蔡之乱，杀了武庚和管叔，流放了蔡叔。东征取得全面胜利，使周王朝的统治得到巩固。

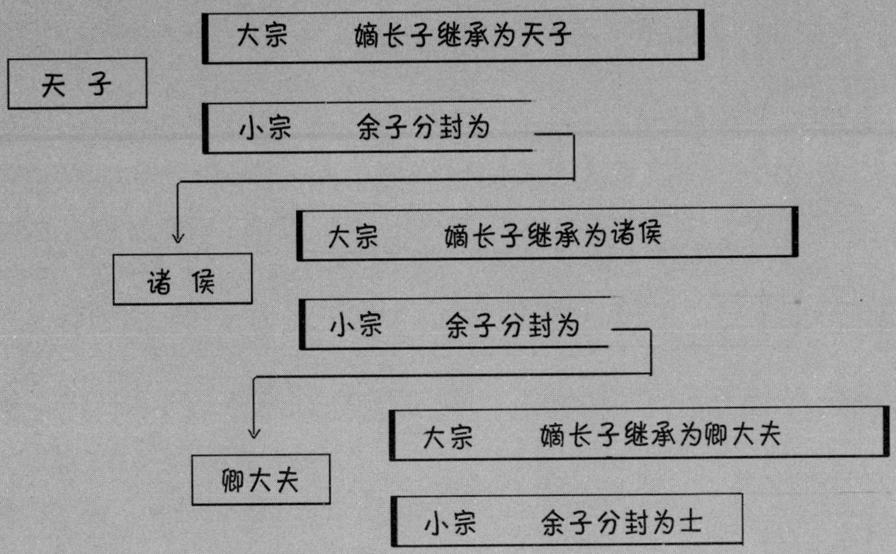

嫡长子继承制

知识链接

周公确立的嫡长子继承制，即以血缘为纽带，规定周天子的王位由长子继承。同时把其他庶子分封为诸侯卿大夫。他们与天子的关系是地方与中央、小宗与大宗的关系。周公还制定了一系列严格的君臣、父子、兄弟、亲疏、尊卑、贵贱的礼仪制度，以调整中央和地方、王侯与臣民的关系，加强中央政权的统治，这就是所谓的“礼乐制度”。

4.赵氏化家为国的奠基者

历史名片

赵鞅，嬴姓，赵氏，原名名鞅，后名志父，谥号简，时人尊称其赵孟，史书中多称为赵简子，也称赵简主。春秋后期晋国卿大夫，六卿之一，赵氏大宗宗主。赵武（《赵氏孤儿》的历史原型）之孙，赵成嫡长子，出生世卿大族。杰出的政治家，军事家，外交家，改革家。

历史档案

公元前493年，晋国正卿智文子荀跞去世，赵鞅继荀跞担任晋国新一任执政，结束了“智氏主内，赵氏主外”的政治格局。从此，赵鞅彻底集军事、政治、外交、司法等诸多国家大权于一身，开始对晋国长达17年的独裁，奠定了赵氏化家为国的根基。晋静公二年，赵鞅之子赵襄子联合韩、魏“三家分晋”，奠定了战国七雄并立的争霸格局。

知识链接

侯马盟书是指春秋晚期晋国世卿赵鞅与大夫们订立的文字条约，要求参加者效忠盟主，共同抗击敌人，不再扩充财产土地，不与敌人来往。盟书于1965年发现于山西侯马晋城遗址东南部的盟誓遗址中。侯马盟书对研究中国古代盟誓制度和文字、研究晋国历史有着重大作用。

5.逆潮而行——“吴起变法”

历史名片

吴起，战国初期军事家、政治家、改革家，兵家代表人物。他通晓兵家、法家、儒家三家思想，在内政、军事上都有极高的成就。后世把他和孙武并称为“孙吴”，《吴子》与《孙子》又合称《孙吴兵法》，在中国古代军事典籍中占有重要地位。

历史档案

吴起

战国初期，各国争相变法，以图民富国强。楚悼王任用吴起，史称“吴起变法”。吴起在楚国的改革遭到了楚国旧贵族的强烈反对，使他成了旧贵族的眼中钉。公元前381年，楚悼王去世，楚国的宗室贵族大臣趁机发动兵变攻打吴起。贵族们用箭射伤吴起，吴起拔出箭逃到楚悼王停尸的地方，贵族们在射杀吴起的同时也射中了楚悼王的尸体，吴起躲在悼王的尸体后面也无法幸免于难。楚肃王继位后，把射杀吴起同时射中楚悼王尸体的人全部处死，吴起的尸身也被处以车裂肢解之刑。吴起死后，他在楚国的变法宣告失败。

知识链接

有天吴起外出遇到了老朋友，便邀请他来家里用餐。这位老朋友让吴起先回家等他，他过一会就去。吴起说：“我在家里等您一起进餐。”可是，老朋友到了傍晚还没有来，吴起也不吃饭，就等着他。第二天早晨，吴起派人去找老朋友，直到这位老朋友来了，才同他一起进餐。“吴起守信”说明了他坚守信用的程度，也是使军队信服的缘由。

6.暗流涌动——“商鞅变法”

历史名片

商鞅，卫国人，卫国国君的后裔，姬姓公孙氏，故又称卫鞅、公孙鞅。后因在河西之战中立功获封商于十五邑，号为商君，故称之为商鞅。商鞅是战国时期政治家、改革家、思想家，法家代表人物，他通过变法使秦国成为富裕强大的国家，史称“商鞅变法”。

历史档案

秦国商鞅在开始变法的时候，也预想到了旧贵族们的反对。他在秦孝公面前，与反对变法的群臣进行了一番舌战。这番论战，坚定了秦孝公改革的决心。商鞅却因为太子犯法，使太子的老师公子虔和公孙贾受了刑罚，从而得罪了太子。公元前338年，秦孝公逝世，其子秦惠文王继位。商鞅因被公子虔诬陷谋反，战败死于彤地，其尸身被带回咸阳，秦惠文王将其处以车裂后示众。

知识链接

商鞅第一次变法主要内容是：实行连坐法；重农抑商、奖励耕织；奖励军功、按功授爵，贵族无军功不再受爵；燔诗书而明法令。第二次变法主要内容是：统一秦国的度量衡；废分封，行县制；废井田开阡陌，以法律形式确立土地私有制度。这些变法废除了奴隶主贵族的世袭特权，促进了封建经济的发展，也为秦统一六国奠定了基础。

7.赵高“指鹿为马”排除异己

历史名片

赵高，嬴姓赵氏，秦二世时丞相。赵高原为赵国宗族远支，入秦宫为宦官，任中车府令，兼行符玺令事。赵高从一名宦官起家，依仗着秦二世胡亥对他的宠信，把秦朝的暴虐色政推向了顶峰，从而加速了秦朝的灭亡。

历史档案

赵高做了宰相高职，想伺机再推倒秦二世胡亥篡夺皇权。赵高狡猾阴险，知道自己出身低下，各大臣都不服他。为了测试各个官员对他的态度，一日，赵高拉来一只鹿，当着众大臣的面对胡亥说：“陛下收下这只卑臣千方百计寻得的好马吧！”胡亥笑道：“丞相是否搞错了？你拉来的是一只鹿啊，哪里是良马？”赵高并不理会皇帝的话，却仔细观察周围人的反应，有人跟着赵高随声附和，有人却说真话指出是鹿非马。结果，说真话的陆续都被赵高设计杀害了。从此便有了“指鹿为马”。

知识链接

秦二世三年八月，赵高与阎乐等人密谋，乘二世在望夷宫斋戒之机，诈诏发兵围宫，逼令二世自杀。赵高企图篡位自立，但因百官不从，只好将玉玺传给了子婴。子婴早在当公子期间，就耳闻目睹了赵高的种种罪行。九月，赵高被子婴用计杀于斋宫，夷灭三族。

8. “亚父”范增鸿门斗智

历史名片

范增，秦朝末期农民战争中霸王项羽的主要谋士，秦末著名政治家。后来封位历阳侯，项羽尊称他为“亚父”。范增为了项羽的霸主事业鞠躬尽瘁，老谋深算，但是他没能说服刚愎自用的项羽，最终导致刺杀刘邦的事情失败。范增的死，宣告西楚霸王终于成了孤家寡人。

历史档案

秦末，刘邦先破咸阳后，范增劝项羽除掉刘邦。鸿门宴上，范增多次向项羽递眼色，并接连三次举起他佩带的玉玦，暗示项羽，要项羽下决心趁此机会杀掉刘邦。可是项羽重义气，不忍心下毒手。范增非常着急，就把项庄找来，要他到宴会上去敬酒，以舞剑助乐为名，趁机刺杀刘邦。但最终刘邦在项伯以及樊哙的掩护下，借口离开了项羽的军营，并派张良向项羽献上白璧一双，向范增献上玉斗一双。“鸿门宴”暗杀阴谋未成，范增勃然大怒，拔出所佩宝剑，劈碎了刘邦赠给他的一双玉斗。

知识链接

公元前204年年初，项羽与范增急攻荥阳，刘邦被困。刘邦部下陈平施离间计，令项羽以为范增勾结汉军，从而削夺了其兵权。范增大怒而告老回乡，项羽竟然同意了。范增彻底失望，与项羽的君臣关系也全面决裂，在还乡途中因背疽发作而死在路上。

9.萧何月下追韩信

历史名片

萧何，秦朝沛郡丰邑人，早年任秦沛县狱吏，秦末辅佐刘邦起义。是汉朝初年丞相、西汉初年政治家。谥号“文终侯”，汉初三杰之一。萧何采秦六法，重新制定律令制度，作《九章律》，即《盗律》《贼律》《囚律》《捕律》《杂律》《具律》《户律》《兴律》《厩律》。

历史档案

萧何发现韩信是个不可多得的人才，于是多次向刘邦推荐，但并没有引起刘邦的重视。韩信见久在汉营仍不受重用，一气之下离开了汉营。萧何得知后，亲自策马追赶韩信。他一路问，一路追，直到天黑了，才追着韩信。萧何说了一大堆劝他回去的话，韩信只好跟着他回去。后来，韩信果然没有令刘邦失望，没有辜负萧何的良苦用心。在楚汉战争中，刘邦能够最终夺取天下，从一定程度上说，与萧何的慧眼识才，倾力荐贤是密不可分的。

知识链接

高帝十一年，萧何协助高祖消灭异姓诸侯王，被拜为相国。萧何明白，对于自己这样的大臣，汉帝主要是防止他们有野心。为了释去主上的疑忌，保全自己，萧何不得已违心地做些侵夺民间财物的坏事来“自毁名节”，以逃避被杀的危机。

10.明修栈道，暗度陈仓

历史名片

张良，字子房，汉朝建立时封留侯，谥号文成侯。张良是汉高祖刘邦的谋臣，汉朝的开国元勋之一，与萧何、韩信同为汉初三杰。刘邦称他“运筹策于帷帐之中，决胜千里之外”，后功成身退，千古流芳。

历史档案

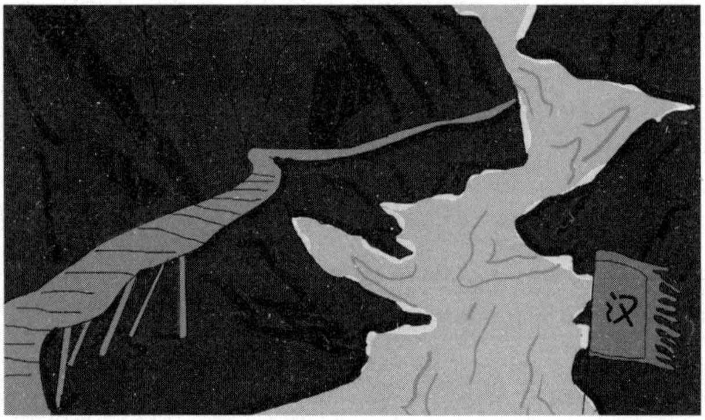

公元前206年，项羽自立西楚霸王，违背楚怀王“谁先攻入关中，谁就做关中王”的约定，把刘邦分封到偏僻荒凉的巴蜀，称为汉王。张良观察地势，建议刘邦待汉军过后，全部烧毁入蜀的栈道，表示无东顾之意，以消除项羽的猜忌，同时也可防备他人的袭击，养精蓄锐，再展宏图。刘邦依计而行，烧掉了沿途的栈道。后来，刘邦用大将韩信之谋“暗度陈仓”，一举平定三秦，夺取了关中宝地。一个“明烧”，一个“暗度”，张、韩携手，珠联璧合。

知识链接

张良深悟“狡兔死，走狗烹；飞鸟尽，良弓藏；敌国破，谋臣亡”的哲理，随着刘邦皇位的渐次稳固，他逐步从“帝者师”退居“帝者宾”的地位，遵循着可有可无、时进时止的处事原则。在汉初刘邦翦灭异姓王的残酷斗争中，张良极少参与谋划，假托神道明哲保身。

11.刀笔酷吏，诛杀“腹诽”

历史名片

张汤，杜陵人，受汉武帝的赏识，先后晋升为太中大夫、廷尉、御史大夫。与赵禹编定《越宫律》《朝律》等法律著作。张汤用法主张严峻，常以春秋之义加以掩饰，以皇帝意旨为治狱准绳，后人常以他作为酷吏的代表人物。

历史档案

张汤与大农令颜异平素不合，这时恰好有人因为其他事情状告颜异，汉武帝让张汤来审理，颜异就这样落到了张汤的罗网中。颜异私下曾经与他人谈论朝政，那人说到某条诏令下得不太合适，颜异没有作声，只是微微地撇了撇嘴。张汤抓着这个把柄，向皇上奏道：“颜异身为九卿高位，看到诏令有不适当之处，不向陛下进言指明，反倒在肚中暗自诽谤，是为腹诽，按罪当死。”颜异竟然就这样身首异处了。从此之后，就有了诛杀“腹诽”者的法律。

知识链接

张汤的父亲一天外出，嘱咐儿子看家。回来的时候发现家里的肉竟被偷吃了，父亲大为生气，认定是张汤干的，把张汤狠狠打了一顿。张汤觉得很冤屈，于是掘地三尺，从鼠洞里发现了老鼠吃剩的肉。他抓出偷肉的老鼠，在家里摆开了公堂，反复拷问“罪犯”。他把讯问的结果写成书案文书，将“罪犯”处死。张汤父亲目睹了这一切，再看儿子写的文书，如同老狱吏一般，不禁又惊又喜。可见张汤从小就显示出了“用笔如刀”的天才。

12.张骞出使西域的漫漫长路

历史名片

张骞，字子文，中国汉代杰出的外交家、旅行家、探险家，汉武帝以军功封为博望侯。张骞打通了汉朝通往西域的南北道路，即丝绸之路，促进了东西方文明的交流。被誉为“第一个睁开眼睛看世界的中国人”。

历史档案

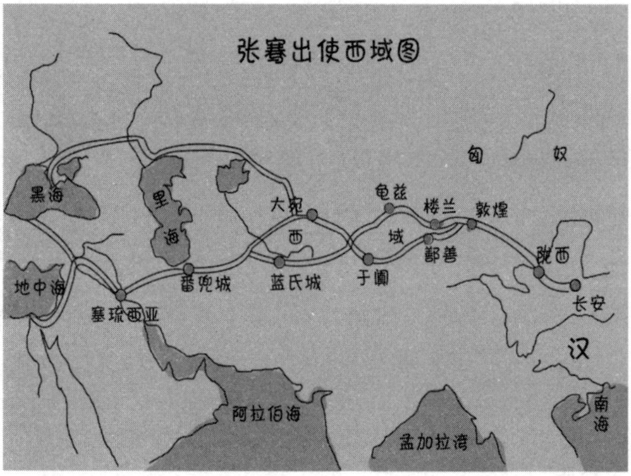

汉武帝建元元年，武帝欲联合大月氏共击匈奴，张骞应募任使者，于建元二年出陇西，经匈奴所占地，不幸被俘。被扣押十年后逃脱，西行至大宛，经康居，抵达大月氏，再至大夏，停留了一年多才返回。在归途中，张骞改从南道，依傍南山，企图避免被匈奴发现，但仍为匈奴所得，又被拘留一年多。元朔三年，匈奴内乱，张骞乘机逃回汉朝，向汉武帝详细报告了西域情况。张骞自请出使西域，历经艰险，前后十三年，足迹遍及天山南北和中亚、西亚各地，是从中原去西域诸国的第一人。

知识链接

张骞出使西域后，汉朝和西域的经济文化交流频繁。西域的葡萄、核桃、苜蓿、石榴、胡萝卜、汗血马、地毯、乐器和歌舞等传入内地，丰富了汉族的经济生活。而汉族的铸铁、开渠、凿井等技术和丝织品、金属工具等，传到了西域，促进了西域的经济发展。

13.苏武牧羊，忠贞不谕

历史名片

苏武，字子卿，西汉大臣，赐爵关内侯。苏武不畏强权，保持崇高的民族气节，是西汉尽忠守节的著名人物。苏武去世后，汉宣帝将其列为麒麟阁十一功臣之一。

历史档案

公元前101年，汉武帝派中郎将苏武等人出使匈奴，送还扣留在汉朝的匈奴使者，并厚馈单于财物。苏武到达匈奴后，原降匈奴的汉人虞常等人与张胜密谋，欲劫持单于母亲阏氏归汉。事情败露后，苏武不愿受辱，自杀未成。单于非常敬重他，派汉朝的降臣卫律劝降，苏武不为所动。单于将他流放到边远的西伯利亚贝加尔湖一带去放羊。公元前85年，匈奴新单于即位，派遣使者与汉朝重修旧好。公元前81年，匈奴释放苏武，苏武被扣留匈奴19年后，终于回到了长安。苏武在困境之下坚强不屈的精神一直为后人所敬仰。

知识链接

苏武归汉第二年，上官桀、上官安父子与桑弘羊谋反，苏武的儿子苏元因参与其中而被处死。汉宣帝时，苏武年老，宣帝怜悯他，问道：“苏武在匈奴很久，有儿子吗？”苏武通过平恩侯向宣帝陈述：“以前在匈奴发配时，娶的匈奴妇人正好生了一个儿子，叫苏通国，想通过汉使者送去金银、丝绸，把男孩赎回来。”皇帝答应了。其子通过随汉使者回到了汉朝，皇帝让他做了郎官。

14.董仲舒罢黜百家，独尊儒术

历史名片

董仲舒，汉族，广川郡人，汉代思想家、哲学家、政治家、教育家。任江都易王刘非、胶西王刘端国相，后辞职回家，在家著书，但仍然受到汉武帝的重视。董仲舒的儒家思想维护了汉武帝的集权统治，为当时社会政治和经济的稳定做出了一定的贡献。

历史档案

汉武帝元光元年（前134年），董仲舒提出“罢黜百家，独尊儒术”。汉初经过70年左右的休养生息，统治已经巩固，社会经济有了新的发展，无为而治的思想已不能适应地主阶级的要求。董仲舒主张加强君主集权、实现大一统的儒家思想取而代之。于是，汉武帝接受董仲舒的建议，用经过董仲舒改造过的，吸取了道、法、阴阳五行等学说的儒学思想，作为统治思想。自从汉武帝确定“独尊儒术”以后，儒学成了封建统治阶级的正统思想。

知识链接

董仲舒在先秦儒家“五伦”观念的基础上提出了一套维护封建等级制度的三纲五常论。所谓三纲，强调的是天道。君臣、父子、夫妇关系都要符合君为臣纲、父为子纲、夫为妻纲的天道。所谓五常，即仁、义、礼、智、信。是用以调整、规范君臣、父子、兄弟、夫妇、朋友等人伦关系的行为准则。

15.被逼自杀的大将军窦宪

历史名片

窦宪，字伯度，窦融之曾孙。东汉外戚、权臣，著名将领，章德皇后兄。章帝建初二年，以外戚拜为郎，迁侍中，不久又升为虎贲中郎将，日益受到宠任。和帝即位，太后临朝，窦宪在内掌握机密，对外宣布诏命。

历史档案

由于窦氏的专权，逐渐长大懂事的汉和帝无法与内外臣僚亲自接触。在这种情况下，想夺回权力的皇帝只能选择和他日日相伴的宦官做他的帮手。在宦官的帮助下，和帝乘窦宪刚刚回到京师，立足未稳，立刻收捕他的党羽。接着宣布窦氏有人谋反，遣人收回窦宪的大将军印绶，降为冠军侯。窦宪和他的兄弟被赶出京师，到达各自的封地后，都被迫自杀。

知识链接

窦宪恃宠欺人，用低价强买沁水公主的园田，公主忌惮窦宪的势力，不敢相争。后来，汉章帝了解到此事经过，大怒，召来窦宪，深加责备。窦宪非常害怕，皇后一再求情，章帝才渐息盛怒，命他把园田归还公主。此后章帝对窦宪再不授予重权，直到和帝登基，窦皇后摄政，窦宪才又重新掌权。

16.玩弄小皇帝的“十常侍”

历史名片

十常侍，汉灵帝时专权的宦官集团，即张让、赵忠、夏恽、郭胜、孙璋、毕岚、栗嵩、段珪、高望、张恭、韩悝、宋典等十二个宦官。十常侍均任职中常侍，首领是张让和赵忠，他们将小皇帝玩弄于股掌之中。

历史档案

东汉末年，以张让、赵忠为首的十常侍宦官集团独霸朝纲，权倾天下。汉灵帝公然声称：“张常侍乃我公，赵常侍乃我母”。张让怂恿汉灵帝设立“四园卖官所”，公开卖官敛财。又在汉宫西苑设“裸游馆”，专供灵帝淫乐。他僭越朝制，把自家庄园建得比皇宫还高，又怕灵帝发现，就拿“天子不可登高，登高必遭大祸”来蒙骗灵帝，而灵帝竟然相信。十常侍横征暴敛，父兄子弟遍布天下，横行乡里，祸害百姓，无官敢管。

知识链接

张让率领十常侍，颠倒黑白铲除异己，捏造罪名杀戮朝臣，终于引起以何进为首的外戚集团不满。张让想先下手为强，诱杀何进，导致京师卫军变乱，杀尽宫中几千太监，张让也走上绝路，投身黄河自杀。

17.三国乱世的开端——董卓之乱

历史名片

董卓，字仲颖，东汉末年少帝、献帝时权臣，凉州军阀。官至太师，封郿侯。原本屯兵凉州，于灵帝末年的十常侍之乱时受大将军何进之召率军进京，旋即掌控朝中大权。董卓生性凶残，犯下诸多罪行，其种种的暴行使之成为中国历史上总体评价极其负面的人物之一。

历史档案

董卓之乱指东汉中平六年，董卓率兵进入洛阳，废少帝，立陈留王刘协为帝，自为相国独揽朝政。次年，关东诸侯推袁绍为盟主，讨伐董卓。董卓兵败，挟持献帝西走长安，并驱使洛阳数百万人口西迁长安。行前，董卓的士卒大肆烧掠，洛阳周围二百里内尽成瓦砾。到192年被王允、吕布所杀，历时三年。三年时间虽短，却基本决定了以后历史的走向，三国群雄在此期间先后登场，成为三国乱世的开端。

知识链接

董卓生性残忍，一次宴会上，他把诱降俘虏的几百名北方反叛者押到会场正中央，先命令士兵剪掉他们的舌头，然后有的人被斩断手脚，有的人被挖掉眼睛。手段之残忍，令所有在场官员和士兵不忍直视。而董卓却若无其事，仍然狂饮自如，脸上还流露出扬扬得意的神色。

18.诸葛亮是否真的“六出祁山”

历史名片

诸葛亮，字孔明，号卧龙，人称卧龙先生，三国时期蜀汉丞相，中国历史上著名政治家、军事家、发明家。诸葛亮是中国传统文化里忠臣与智者的代表，曾发明木牛流马、孔明灯、诸葛连弩等。在第五次北伐曹魏时病逝于五丈原，追谥为忠武侯。后世常尊称诸葛亮为武侯、诸葛武侯。

历史档案

刘备死后，诸葛亮辅佐蜀后主刘禅，在安定内部、经营益州和平定南中后，又与吴恢复了联盟。自蜀建兴五年（227年）起，诸葛亮便开始率军北伐曹魏，至建兴十二年（234年）共六次出师，俗称“六出祁山”。诸葛亮六次与曹魏的战争，实际上一次为防御战，五次为主动出击，而从祁山出兵仅两次，所以“六出祁山”的说法并不准确。

知识链接

三顾茅庐指的是刘备三次拜请诸葛亮出山的事。刘备前两次去时，都没见到诸葛亮，第三次去时，诸葛亮正在午睡。刘备于是静静地在门外等候，一直等到他睡醒。诸葛亮被刘备的诚心所打动，遂向他陈述了三分天下之计。

19.曹操“奉天子以令不臣”

历史名片

曹操，字孟德，一名吉利，小字阿瞒。东汉末年杰出的政治家、军事家、文学家、书法家，三国曹魏政权的奠基人。曹操精兵法，善诗歌，开启并发展了建安文学，给后人留下了宝贵的精神财富，史称“建安风骨”。

历史档案

建安元年（196年），曹操采纳谋士毛玠“奉天子以令不臣”的建议，迎汉献帝至许昌。他把这个皇帝客客气气地供奉起来，利用皇帝这张牌来号令天下、号召诸侯。建安二十一年（216年）四月，汉献帝册封曹操为魏王，邑三万户，位在诸侯王之上，奏事不称臣，受诏不拜，以天子旒冕、车服、旌旗、礼乐郊祀天地，出入得称警跸，宗庙、祖、腊皆如汉制，国都邺城。王子皆为列侯。曹操名义上还为汉臣，实际上已是皇帝。

知识链接

东汉献帝建安五年（200年），曹操军与袁绍军相持于官渡，在此展开战略决战。曹操奇袭袁军在乌巢的粮仓，继而击溃袁军主力。官渡大战是曹操与袁绍争夺北方霸权的转折点，官渡一战之后，曹操终于一反之前对袁绍的劣势，为自己统一北方奠定了基础。

20.祖逖北伐，忧愤而死

历史名片

祖逖，字士雅，东晋军事家、名将，民族英雄，中国东晋初有志于恢复中原而致力于北伐的大将。士族出身，怀抱报国之志，但朝廷却因他势力强盛，对他非常忌惮。祖逖因朝廷内明争暗斗，国事日非，忧愤而死，北伐大业也因祖逖之死而功败垂成。

历史档案

建兴元年（313年），祖逖准备北伐。晋元帝司马睿任命祖逖为奋威将军、豫州刺史，仅仅拨给他千人的口粮，三千匹布，不供给兵器，让祖逖自己想办法募集。祖逖精于用兵，又善利用矛盾分化敌人，经过4年多的苦战，祖逖率领的北伐军收复了黄河以南的大片土地。太兴四年（321年），正当祖逖准备进军河北时，晋元帝听说祖逖在河南深得民心，屡建战功，怕将来不利于自己的统治，便派戴渊都督北方六州诸军事指挥逖军，并扼制逖军后路。同时东晋统治者内部斗争非常激烈。满腔热忱的祖逖忧愤成疾，病死军中。

知识链接

祖逖与司空刘琨一起出任司州主簿，两人关系十分融洽。时值西晋“八王之乱”的前夜，大族擅权，政治黑暗；豪强纵横，民不聊生。一天，祖逖与刘琨共同住在同一个寝室内，半夜的时候祖逖被野外传来的鸡鸣声吵醒了，就用脚踢醒刘琨，说：“此非恶声也。”于是，两人相邀到户外，拔剑起舞。这就是流传至今的“闻鸡起舞”。

21.反对唐太宗征兵的直臣魏征

历史名片

魏征，即魏徵，字玄成，唐朝政治家。曾任谏议大夫、左光禄大夫，宰相、封郑国公，谥文贞，为凌烟阁二十四功臣之一。魏征以直谏敢言著称，是中国历史上最负盛名的谏臣。提出“兼听则明，偏信则暗”“君，舟也，民，水也。水能载舟，亦能覆舟”等治世名言。

历史档案

武德九年（626年）唐朝征兵，有大臣建议，把十八岁至二十岁的中男都征发当兵。魏征三番两次反对这项提案，唐太宗很生气。后来太宗干脆下令：即使未满十八岁的男孩，如果体格高大，也要征发入军。结果魏征还是坚持不肯下达敕命。太宗勃然作色，厉声问道：“你为什么如此固执？”魏征严肃地回答：“不能涸泽而渔、焚林而猎。如果把这些人尽数征了兵，那么他们的田地谁来种，又由谁来供给国家租赋杂役？”太宗终于恍然大悟，接受了魏征的建议，收回成命。

知识链接

有一次，太宗正在逗一只鹞子玩，远远看到魏征来了，生怕这只鹞子被魏征看见，又会招来“玩物丧志”之类的批评，就赶忙把鹞子藏到自己的怀里。不想魏征奏事又多又长，太宗只好耐着性子听，直到鹞子死在怀里，也没敢拿出来。

22.千古贤宦第一人——高力士

历史名片

高力士，本名冯元一，是中国唐代的著名宦官之一。他幼年入宫，由高延福收为养子，遂改名高力士。唐玄宗管治期间，其地位达到顶点，深得玄宗宠信，官至骠骑大将军、进开府仪同三司。高力士一生忠心耿耿，对唐玄宗不离不弃，被誉为“千古贤宦第一人”。

历史档案

“安史之乱”平息后，唐玄宗回京退为太上皇，继位的唐肃宗与玄宗不和，高力士护主心切，被当权的宦官李辅国所恶，因此被弹劾流放至巫州。按律高力士本该斩，但顾及高力士对玄宗的忠心，于是将他流放。宝应元年（762年），唐玄宗在郁闷中驾崩，始终渴望回京侍奉太上皇的高力士闻知后，悲痛地绝食七日而死。继唐肃宗位的唐代宗遵先皇遗诏，使高力士陪葬唐玄宗于泰陵。

知识链接

高力士平素谨慎，又善于观察时势，所以久受宠任。他言事有个特点，叫“顺而不谀，谏而不犯”。《资治通鉴》记载，早在安史之乱前，高力士就多次警示、忠告唐玄宗应提防安禄山拥兵自重，心怀叵测。可惜，开始玄宗还听，说得多了，皇帝就不高兴了，终是没有听从。直到杨贵妃殒命马嵬坡，唐玄宗才悔恨交加。

23.朝廷大臣之间的派系斗争

历史名片

牛李党争，以牛僧孺为首领的牛党和以李德裕为首领的李党，这两派官员互相倾扎，争吵不休，从唐宪宗时期开始，到唐宣宗时期才结束，闹了将近四十年。历史上把这次朋党之争称为“牛李党争”。

历史档案

唐穆宗长庆年间，牛僧孺做宰相，就把李德裕排挤出朝廷。李德裕任四川节度使时，接受吐蕃将领的投降，收复了重镇维州。牛僧孺却意气用事，强令把降将和城池交还吐蕃。唐武宗时，李德裕做宰相，又把牛僧孺、李宗闵放逐到南方。唐武宗死后，宣宗即位，牛党成员白敏中任宰相，牛党又纷纷被重新启用，李党全遭罢斥。李德裕被赶到遥远的崖州，不久忧郁而死。这场宗派斗争最终以牛党获胜结束，同时也加剧了唐朝后期的统治危机。

知识链接

牛李党争是唐朝后期统治集团内部争权夺利的宗派斗争，是政治腐败的一种表现。从表面看，牛李党争似乎是庶族官僚与士族官僚之间的权力斗争，实际上两党在政治上也有严重的分歧。两党分歧的重点主要有两个：一是通过什么途径来选拔官僚；二是如何对待藩镇。

24.唐文宗和宦官势力的惨痛斗争

历史名片

甘露之变，唐文宗谋诛宦官失败的一次事变。唐代后期，宦官擅权专政达到了极点。文宗即位后，企图惩治宦官，夺回皇帝丧失的权力，重振当年祖上的荣光，于是发动甘露之变。

历史档案

唐大和九年（公元835年），唐文宗不甘为宦官控制，和李训、郑注策划诛杀宦官，夺回皇帝丧失的权力。唐文宗以观露为名，将宦官头目仇士良骗至禁卫军的后院欲斩杀，被仇士良发觉，双方激烈战斗，结果李训、王涯、王璠、郭行余、罗立言等朝廷重要官员被宦官杀死，其家人也受到牵连而灭门，在这次事变后受株连被杀1000多人。经过这次宦官的大屠杀，朝班几乎为之一空。从此宦官更加专横，凌逼皇帝，蔑视朝官，唐文宗因此郁郁而死。

知识链接

甘露之变后，宦官一直牢固地掌握军政大权，气焰更加嚣张，君主的废立、生杀也都掌握在宦官手中。直到朱温在903年大杀宦官后，唐朝的宦官势力才消失，然而唐朝不久亦为朱温所篡而灭亡。

25.革新派“二王八司马”的失败

历史名片

永贞革新，是中国唐代顺宗时官僚士大夫以打击宦官势力为主要目的的改革。因发生于永贞年间，故名永贞革新。唐顺宗即位时已得了中风不语症，但还是立刻重用王叔文、王伾等人进行改革。改革历时100余日，但以失败告终。

历史档案

永贞元年（805年），唐顺宗李诵即位，他的东宫旧臣王叔文、王伾居翰林用事，引用韦执谊为宰相。他们与柳宗元、刘禹锡等人结成政治上的革新派，共谋打击宦官势力。他们的改革都具有进步性，但引起以俱文珍为首的宦官集团及与之相勾结的节度使的强烈反对。最后，俱文珍等人发动政变，幽禁顺宗。王叔文被贬后赐死，王伾外贬后不久病死，柳宗元、刘禹锡、韩泰、陈谏、韩晔、凌准、程异及韦执谊八人均被贬为外州司马，史称二王八司马。

知识链接

永贞革新被扼杀，唐朝政治更加黑暗，从此唐朝又创了一个新的恶例，每个皇帝都把自己任用的人当作私人，继位的皇帝对前帝的私人，不论是非功过，一概予以驱除。宦官拥立皇帝，朝官分成朋党，本来就有相沿成习的趋势，在唐宪宗以后，都开始表面化了。

26.自立为王，耶律大石建西辽

历史名片

耶律大石，字重德，契丹族，西辽德宗，辽太祖耶律阿保机八世孙。1115年中进士，提升为翰林应奉，不久升任承旨。辽以翰林为林牙，所以称之大石林牙。历任泰、祥二州刺史，辽兴军节度使。耶律大石通晓辽、汉文字，擅长骑射，为西辽政权的创立者。

历史档案

辽保大二年（1122年），金兵日益逼近，辽天祚帝流亡，耶律大石在辽南京拥立秦晋王耶律淳为帝，建北辽，统领北辽军事。后北辽被金兵击溃，耶律大石在作战中被俘。辽保大三年（1123年）9月，他领兵逃出，到夹山与天祚帝合兵一处，但他们之间很快发生了矛盾，且日益加深。辽保大四年（1124年），耶律大石杀辽北院枢密使萧乙薛，领兵踏上西行之路。1125年，他自立为王，在中业细亚建立国家。同年称帝，号天帧皇帝，重建辽朝，史称西辽。

知识链接

蒙古成吉思汗十三年（1218年），西辽被蒙古所灭。但耶律大石的姓名已成为西辽的象征，在他去世数十年后，西域、南宋和金朝仍以大石指称西辽。耶律大石推动了中亚社会经济文化的发展，促进了该地区各民族之间的交流和融合，以致西辽被蒙古消灭以后，成吉思汗的谋臣耶律楚材仍称赞大石“颇尚文教，西域人至今思之”。

27.包青天智查假皇子案

历史名片

包拯，字希仁，北宋名臣。因曾任天章阁待制、龙图阁直学士，故世称“包待制”“包龙图”。包拯廉洁公正，不附权贵，执法严明，铁面无私，且英明决断，敢于替百姓申不平，故有“包青天”及“包公”之美名。

历史档案

北宋皇祐二年（1050年），有一个青年，名叫冷清，自称皇子，遍访六部衙门，要求进宫面君，认祖归宗。包拯奉命查处此案，他派遣自己的手下张千假扮侠客，在酒馆与冷清畅饮。冷清酒后吐真言说自己有父母和一姐姐。包拯明察暗访，走访了冷清的街坊邻居，查清了冷清的出生日期，排除了他是皇子的可能。包拯维护了社会治安，受到了皇帝的嘉奖。

知识链接

张尧佐是宋仁宗宠妃张美人的伯父，没有什么才能，却因张美人的关系，官运亨通。最初，张尧佐被委任为“三司使”。包拯极力反对，向仁宗谏议说，张尧佐连小官都没有资格做，更不用说“三司使”这样的大官了。但是，仁宗不但不理会他的谏议，反而又加封张尧佐为节度使。包拯非常痛心，继续上谏，坚持怒责张尧佐，可是仁宗仍然置若罔闻，第二年，更加封张尧佐出任宣徽南院使。包拯第三次向仁宗进谏，痛加陈词，甚至在朝廷上跟皇帝当面辩论起来，终于迫使仁宗罢了张尧佐的官。

28.范仲淹与他的《答手诏条陈十事》

历史名片

范仲淹，字希文，谥文正，亦称范履霜，北宋著名政治家、文学家、军事家、教育家。范仲淹为政清廉，刚直不阿，力主改革，屡遭奸佞诬谤，数度被贬。皇祐四年，病逝于徐州，封楚国公、魏国公，有《范文正公集》传世。

历史档案

宋仁宗庆历三年（1043年），范仲淹提出明黜陟、抑侥幸、精贡举、择官长、均公田、厚农桑、修武备、减徭役、覃恩信、重命令10项以整顿吏治为中心的改革主张。宋仁宗赵祯对范仲淹的《答手诏条陈十事》深有同感，全盘采纳了他的意见，并在当年和次年上半年陆续颁行全国，这次改革，历史上称为“庆历新政”。由于新政触犯了贵族官僚的利益，因而遭到他们的阻挠。庆历五年年初，范仲淹等人相继被排斥出朝廷，各项改革也被废止。

知识链接

范仲淹的文学素养很高，著名的《岳阳楼记》中“先天下之忧而忧，后天下之乐而乐”为千古名句。他也留下了众多脍炙人口的词作，如《渔家傲》《苏幕遮》，苍凉豪放、感情强烈，为历代文人传诵。欧阳修曾称《渔家傲》为“穷塞主词”。

29.庞籍谈判促成“庆历和议”

历史名片

庞籍，字醇之，谥号庄敏，北宋宰相。仁宗亲政后，庞籍向仁宗上奏，建议皇帝用人应辨邪正，防止朋党，按照公论和政绩提拔晋升官吏。他的行为得到了朝野的肯定，被誉称为“天子御史”。庞籍还是韩琦、范仲淹等人的好友，司马光、狄青等人的恩师。

历史档案

庆历三年（1043年），宋仁宗命令庞籍接受西夏的议和建议，原则是元昊向宋朝称臣纳贡。宋仁宗将议和的全权交给庞籍，庞籍找来西夏使者李文贵，对他晓以大义。李文贵将庞籍的谈话如实转达给了元昊，元昊随即又派李文贵带着野利旺荣的信件前往宋朝谈判议和的条件。宋仁宗安排庞籍与他们进行谈判，经过宋夏双方代表多次交涉，元昊答应称臣纳贡，这就是宋夏庆历和议。

知识链接

庞籍任开封府判官时，仁宗宠爱尚美人，尚美人常派内侍到开封府传达旨意，干预政事。庞籍认为这是后宫干政的行为，因此严加拒绝，传令将宣喻旨意的内侍予以痛打，并明令：“今后若再有后宫传命，不要接受。”作为一个开封府的判官，敢与皇帝的宠妃对抗，足见庞籍的凛然正气和不畏权贵的作风。

30.中国11世纪伟大的改革家

历史名片

王安石，字介甫，号半山，北宋著名的思想家、政治家、文学家、改革家。绍圣元年（1094年），获谥“文”，故世称王文公。王安石在文学中具有突出成就，名列“唐宋八大家”，有《王临川集》《临川集拾遗》等留世。王安石被列宁誉为“中国11世纪伟大的改革家”。

历史档案

王安石变法是宋神宗时期，王安石发动的旨在改革北宋建国以来积弊的一场改革。变法自熙宁二年（1069年）开始，至元丰八年（1085年）宋神宗去世结束，故亦称熙宁变法、熙丰变法。王安石的变法内容一为理财，二为强兵，在一定程度上扭转了宋王朝积贫积弱的局面。但是，由于变法的各项内容触动了官僚地主集团的既得利益，引起了他们的激烈反对，后来加上改革派内部出现了分歧和对立，在宋神宗死后新法尽废。

知识链接

王安石潜心研究经学，著书立说，被誉为“通儒”，创立“荆公新学”，促进宋代疑经变古学风的形成。哲学上，他用“五行说”阐述宇宙生成，丰富和发展了中国古代朴素唯物主义思想；其哲学命题“新故相除”，把中国古代辩证法推到了一个新的高度。

31.秦桧投降卖国——绍兴议和

历史名片

秦桧，字会之，南宋著名奸臣、主和派代表人物。秦桧在南宋朝廷内属于主和派，深得高宗宠信，奉行割地、称臣、纳贡的议和政策。第二次拜相期间，他极力贬斥抗金将士，阻止恢复；同时结党营私，排除异己，屡兴大狱，是中国历史上著名的奸臣之一。

历史档案

绍兴和议是南宋与金签订的停战协议。宋军在反击金的入侵中已取得一定的胜利，但宋高宗与宰相秦桧唯恐有碍对金议和，解除了韩世忠、张俊、岳飞三大将的兵权，甚至制造岳飞冤狱，使抗战派对投降议和活动无法进行反对。绍兴十一年（1141年）宋金双方达成和约：宋向金称臣，划定疆界，宋每年向金纳贡。绍兴和议确定了宋金之间政治上的不平等关系，形成了南北对峙的局面。

知识链接

南宋绍兴十一年，正当岳家军大胜金兵于朱仙镇，指日可望收复汴京，直抵黄龙府之际，昏聩的宋高宗赵构和权奸秦桧，为了不激起女真贵族的不满和维护他们的统治地位，竟在一天内连下十二道金牌，紧催撤军。岳飞十年之功，废于一旦，断送了“收拾旧山河，朝天阙”的大好机会。

32.岳飞抗金带来的喘息之机

历史名片

岳飞，字鹏举，南宋抗金名将，中国历史上著名军事家、战略家，民族英雄。1142年，岳飞以“莫须有”的罪名被杀害。宋孝宗时岳飞冤狱被平反，追谥武穆，后又追谥忠武，封鄂王。岳飞反对宋廷的消极防御战略，一贯主张积极进攻，以夺取抗金斗争的胜利。

历史档案

1134年，中路宋军在岳飞的率领下击败了伪齐的主力军，收复了襄阳府等六个州郡。1136年春，刘光世、张俊继韩世忠之后，从江南移屯淮上，岳飞从鄂州进驻襄阳，南宋各路军队发动多次反攻。1137年，金朝重臣粘罕失势死去，挞懒一派掌握大权，金对宋的军事、政治策略也因而改变。他们取消攻宋，对南宋政府采取“以议和佐攻战”的诱降策略。正是因为岳飞等将领抗金的打击，迫使金改变对宋政策，使南宋政权有了一丝喘息之机。

知识链接

岳飞文武双全，书法以行、草为主，畅快淋漓，气韵生动，章法严谨，意态精密，刚劲不柔，自有一种淳正之气，颇含文臣气质。传世书迹有《书谢朓诗》《前后出师表》《吊古战场文》等。岳飞的文学才华也是将帅中少有的，他的词作《满江红·怒发冲冠》是千古传诵的爱国名篇。

33.宁死不降的民族英雄——文天祥

历史名片

文天祥，初名云孙，字宋瑞，一字履善，自号文山、浮休道人。宋末政治家、文学家，爱国诗人，抗元名臣，民族英雄，与陆秀夫、张世杰并称为“宋末三杰”。著有《文山诗集》《指南录》《指南后录》《正气歌》等。

历史档案

宋恭帝德祐元年（1275年），文天祥捐献家资充当军费，招募当地豪杰，组建了一支万余人的义军，奔赴临安。景炎二年（1277年），文天祥又率军从梅州出兵，进攻江西。祥兴元年（1278年），文天祥率军退往潮阳县。同年冬，元军大举来攻，文天祥在率领部下向海丰撤退的途中兵败被俘。元世祖忽必烈先后派原南宋左丞相和宋恭帝前去劝降，都无功而返。元太祖也曾亲自前去劝降，但文天祥誓死不从。于是元太祖下令将文天祥关押在监狱中。至元十九年，文天祥慷慨就义，年仅47岁。

知识链接

文天祥在监狱中用诗词表达自己的心情和志向，留下了大量的佳作，如《过零丁洋》，“辛苦遭逢起一经，干戈寥落四周星。山河破碎风飘絮，身世浮沉雨打萍。惶恐滩头说惶恐，零丁洋里叹零丁。人生自古谁无死？留取丹心照汗青。”就是千古绝唱。

34.明太祖策划的洪武四大案

历史名片

洪武四狱，明太祖“政皆独断”的官制改革，不仅表现在造成皇权的高度集中，更为严重的是维持这种君主独裁统治而采取的各种极端野蛮落后的镇压手段，到了晚年尤为厉害。他为了“自操威柄”，捕风捉影，屡兴大狱。最著名的有四大案，人称洪武“四狱”。

历史档案

洪武九年（1376年）的“空印案”，洪武十八年（1385年）户部侍郎郭桓的贪污案，此两案虽为惩贪杜弊而起，但株连甚多。影响最大的是洪武十三年（1380年）开始的丞相胡惟庸案和洪武二十六年（1393年）发生的大将军蓝玉案，史称“胡蓝之狱”，共杀5万余人，当中公、侯近40人。经过这场大屠杀，皇权的直接威胁固然暂时消除了，但一代开国功臣也被诛戮殆尽。

知识链接

胡惟庸早年随朱元璋起兵，颇受宠信。随着权势的不断增大，胡惟庸日益骄横跋扈，培植私党，擅权营私。洪武十三年正月，朱元璋以谋反罪之名诛了胡惟庸等人。为了肃清“逆党”，朱元璋穷追不舍，前后株连杀戮了3万余人，时间长达10年之久。

35.世界航海家中的先导者——郑和

历史名片

郑和，明朝太监，原姓马，名和，小名三宝，又作三保。中国明朝航海家、外交家。在靖难之变中，马和为燕王朱棣立下战功。永乐二年（1404年），明成祖朱棣在南京御书“郑”字赐马和郑姓，以纪念战功，史称“郑和”。1405到1433年，郑和七下西洋，完成了人类历史上伟大的壮举。

历史档案

明永乐三年（1405年），郑和第一次航行，有船只62艘，水手、船师、卫兵、工匠、医生、翻译共2.7万人。最大的船长146米，宽60米，可以容纳一千多人，是当时航行海上最大的船只。船上有航海图、罗盘针，具有当时世界上先进的航海设备和技术。郑和的船队满载中国瓷器、茶叶、铁器、农具、丝绸、金银等各类商品，用以换回亚非各国特产，如象牙、香料、宝石等海外奇珍异宝，因此人们把这些船称为“宝船”。郑和7次远航，是世界航海史上的空前壮举，他是世界航海家中的先导者。

知识链接

郑和曾到达过爪哇、苏门答腊、暹罗、阿丹、天方、左法尔、忽鲁谟斯、木骨都束等三十多个国家，最远曾达非洲东岸、红海、麦加，并有可能到过澳大利亚。这些都代表了中国航海探险的高峰，比西方探险家哥伦布等人早八十几年。当时明朝在航海技术、船队规模、航程之远、持续时间、涉及领域等均领先于同一时期的西方。

36.封侯非我意，但愿海波平

历史名片

戚继光，字元敬，号南塘，晚号孟诸，谥武毅。明朝抗倭名将，杰出的军事家、书法家、诗人、民族英雄。戚继光在东南沿海抗击倭寇十余年，扫平了多年为虐沿海的倭患，确保了沿海人民的生命财产安全。

历史档案

明朝嘉靖年间，由于日本国内形势的变化，酿成了倭寇侵扰中国沿海地区的倭患。戚继光曾用“封侯非我意，但愿海波平”的豪言壮语来表达自己决心消灭倭寇的志向。为了消灭倭寇，他组成“戚家军”成为抗倭斗争中的劲旅。1561年，戚继光率领精锐军队扫除了浙东的倭寇。随后，在福建的倭寇重新猖狂起来。戚继光又奉命率戚家军入闽剿倭，连战皆捷。不久，戚继光和抗倭名将俞大猷一起，再次平定了在福建的倭寇。戚继光是一位民族英雄，他的抗倭斗争在历史上将永远闪耀光辉。

知识链接

据《仙游县志》记载，戚继光率领戚家军在海门一带抗倭。一次约三千名倭寇在海门沿海上岸准备去临海、仙居一带抢劫。戚继光命令其子戚印领兵在双港与城西交界的花冠岩一带埋伏，自己出兵佯败把倭寇引到上界岭，等倭寇全部进入包围圈后再两军夹击一举全歼。结果戚印年轻气盛交战心切，没等倭寇全部进入包围圈就下令擂鼓冲锋，结果让一部分倭寇逃脱了。戚继光因戚印没按照军令行事下令将其推出去斩首。“戚继光斩子”的故事虽然是虚构的，但是却被广为流传。

37.张居正挽救明王朝的改革

历史名片

张居正，少名张白圭，字叔大，号太岳，湖广江陵（今属湖北省）人，又称张江陵。谥号“文忠”。明代政治家、改革家，中国历史上优秀的内阁首辅之一。

历史档案

明神宗万历年间，政治家张居正为挽救明王朝而进行了一系列的改革。在政治上：加强君主专制统治，一方面“用人唯才”，同时，裁减了许多冗官。在处理北部边防问题上，张居正加强了与蒙古的政治经济联系。张居正改革的重点，还是整顿赋役制度。他认为，财政危机的主要原因是豪民隐占田地，逃避赋税。为解决这个问题，他不顾官僚地主的反对，于1578年下令清查全国土地，到万历九年清查结果，大大超过了明前期全国的税田总数。这一系列的改革使明中期的社会矛盾得到暂时的缓和，社会经济文化也有了部分的发展。

知识链接

“一条鞭法”是张居正在经济改革方面的重要内容，也是中国封建社会赋役史上的重大变革。其内容主要有：其一，赋役合并；其二，农民可以出钱代役，力差由官府雇人承应；其三，田赋征银；其四，赋役征收由地方官吏直接办理。“一条鞭法”的推行，使明政府的岁入有了显著的增加，财政经济状况也有不少改善。

38.东林党与楚党党争的牺牲品

历史名片

东林党，明朝后期出现的以中下级官员、中下地主及知识分子为主的反对王公贵戚、权臣宦官的政治集团。他们企图以儒家正统思想挽救国家，不畏强权，为民请命，大胆弹劾朝中权贵。东林党人一直本着“家事、国事、天下事、事事关心”的态度与权臣斗争，一直持续到南明的灭亡，前后达四十多年。

历史档案

天启元年（1621年），熊廷弼、王化贞不和导致战事失利，二人都要受到处分。熊廷弼早年属于楚党，曾经排挤东林党人，而王化贞曾经拜当时的东林党人为座主，东林党人将他视为自己人。于是当时执政的东林党人便不顾责任轻重，认为既然王化贞保不住，那么熊廷弼亦要定为死罪。熊廷弼向魏忠贤求救，但因他拿不出四万两黄金而被魏忠贤要求速速处决。这时得知魏忠贤竟然恨熊廷弼，纷纷调转立场，又要解救他。这样一来，本来就恨东林党人的魏忠贤更是以熊廷弼与东林党人有瓜葛，而非死不可了。于是在东林党与阉党的相互攻击下，熊廷弼于天启五年被杀。

知识链接

万历三十二年（1604年），顾宪成等人修复东林书院，讲学其中。这时正值明末社会矛盾日趋激化之际，东林人士讽议朝政、评论官吏，他们要求廉正奉公，振兴吏治，革除朝野积弊，反对权贵贪纵枉法。这些主张得到当时社会的广泛同情与支持，同时也遭到宦官及其依附势力的激烈反对。两者之间因政见分歧发展演变形成明末激烈的党争局面。反对派将东林书院讲学及与之有关系或支持同情讲学的朝野人士笼统称之为“东林党”。

39.民族英雄于谦的京师保卫战

历史名片

于谦，字廷益，号节庵，汉族，明朝名臣、民族英雄。天顺元年（1457年）英宗复辟，被杀。成化初，复官赐祭，弘治二年（1489年），谥肃愍。万历中，改谥忠肃。有《于忠肃集》传世。于谦与岳飞、张煌言并称“西湖三杰”。

历史档案

明英宗正统十四年（1449年），英宗在土木堡被瓦剌俘虏。英宗的弟弟朱祁钰监国，任命于谦为兵部尚书，全权负责筹划京师防御。当时朝廷中有些人主张向南迁都避敌，于谦挺身而出，驳斥了各种逃跑主义的论调，坚持保卫北京，继续抗敌。后来，瓦剌军队包围了京师，于谦分遣诸将列阵九门迎敌，并亲自督战，明军上下同仇敌忾、誓死杀敌，最终取得京师保卫战的胜利。紧要关口，于谦挽救了大明帝国。可是由于当初曾经拥戴朱祁钰当皇帝，所以在英宗复辟重登皇位之后，于谦就被杀害了。

知识链接

《石灰吟》可以说是于谦生平和人格的真实写照：“千锤万凿出深山，烈火焚烧若等闲。粉骨碎身浑不怕，要留清白在人间。”这是一首托物言志诗。于谦以石灰作比喻，表达自己为国尽忠，不怕牺牲的意愿和坚守高洁情操的决心。

40.“闯王”李自成短暂的大顺政权

历史名片

李自成，原名鸿基，小字黄来儿，又字枣儿，明末农民起义领袖。童年时给地主牧羊，曾为银川驿卒。1630年，李自成率众投奔闯王高迎祥，成为一名猛将。后来，高迎祥在战斗中牺牲，李自成就继称闯王。

历史档案

崇祯十四年（1641年），李自成率军攻陷洛阳，杀死福王朱常洵，农民军也得到了大批粮饷。崇祯十七年（1644年），李自成在西安宣布建国，国号大顺，年号永昌。同年三月，农民军攻陷大同、宣府、居庸关，兵临北京城下。迫于形势，崇祯帝在北京煤山自缢，明朝灭亡。后李自成亲自率兵攻打吴三桂，但此时农民军贪图富贵，早已丧失了斗志，根本不堪一击。李自成只好匆匆登基，深夜便焚烧宫殿向西撤退。自此，李自成创立的大顺政权前后只在北京持续了一个多月便宣告结束了。

知识链接

李自成攻克北京后，起义军内部争权夺利、残暴腐败、很多功臣遇害，北京城内大明遗民受到屠戮，驻守山海关的明将吴三桂的小妾也被抢走了。随后，吴三桂拒绝归降，并引清兵入关，这就是历史上著名的“冲冠一怒为红颜”。

41.拥立福临，争夺天下宏业

历史名片

爱新觉罗·多尔衮，清太祖努尔哈赤第十四子，清初杰出的政治家和军事家。顺治七年（1650年）死于塞北狩猎途中，追封“清成宗”。顺治八年（1651年）剥夺封号，并掘其墓。乾隆四十三年（1778年），乾隆帝为其平反，恢复睿亲王封号。

历史档案

崇德八年（1643年），皇太极猝死于盛京后宫，他生前未立嗣子。皇太极长子豪格和多尔衮成为最有利的竞争者，双方相争，委决不下。最后，睿亲王多尔衮认为自立的条件还不成熟，不得已的情况下，议定由皇太极的第九子、年仅6岁的福临即帝位。至此，郑亲王济尔哈朗和睿亲王多尔衮辅政，改元顺治。顺治元年（1644年），顺治帝拜多尔衮为大将军，亲赐大将军敕印，令他统大军南下，入关与李自成和南明王朝开始了争夺天下的宏伟事业。

知识链接

多尔衮先后封叔父摄政王、皇叔父摄政王、皇父摄政王，不仅实权在握，而且在礼仪排场上也开始向皇帝看齐。凡一切政务，多尔衮不再有谦恭请示之举，未奉皇帝旨意，却一律称诏下旨，俨然如同皇帝。然而，多尔衮死后不久，其政敌便纷纷出来翻案，揭发他的大逆之罪，多尔衮多年培植的势力顷刻瓦解。多尔衮突然从荣誉的顶峰跌落下来，可以说完全是统治阶级内部矛盾斗争的结果。至乾隆帝当政时，正式为多尔衮翻案，功过参半，复其封号。到此时，对多尔衮的历史评价总算有了定论。

42.功过参半的一等公鳌拜

历史名片

鳌拜，瓜尔佳氏，满洲镶黄旗人，卫齐第三子。清朝三代元勋，康熙帝早年辅政大臣之一。鳌拜前半生军功赫赫，号称“满洲第一勇士”，赐号“巴图鲁”。后半生操握权柄、结党营私。康熙八年，鳌拜因专擅弄权而被拘禁，不久就死于幽所。

历史档案

鳌拜的势力在康熙六年到八年他被逮前达到了顶峰，他被授一等公，并加太师，一切政事先于私家议定，然后施行。但与此同时，玄烨也随着年龄的增长而日益成熟，康熙六年宣布亲政后，鳌拜就日益成为他大权独握的障碍。康熙八年，玄烨利用“布库游戏”擒捉鳌拜，权倾朝野的辅政大臣、一等公鳌拜被捉拿问罪，结束了清史上的“鳌拜辅政时期”。造成这一重大案件的根本原因是鳌拜结党营私，擅权专横，阻碍了皇权的高度集中，而不是谋叛篡位。雍正帝执政后，“赐鳌拜祭葬，复一等公，世袭罔替”，并于雍正九年加封超武公。这些身后隆典，说明鳌拜并非是极其危险的巨奸，而仍是清帝褒奖的有功之臣。

鳌拜

知识链接

康熙决意铲除鳌拜集团，采用的是六连环计策。一连环：联同爱新觉罗家族、赫舍里氏家族、钮钴禄氏家族共同对付鳌拜。二连环：索额图调任康熙侍卫，缴了鳌拜的武器。三连环：鳌拜所坐的椅子，右上角的腿是锯断又简单粘合的。四连环：布库少年中最厉害的两个，一个在椅子后面服侍；另一个则端上在开水中煮了一个多时辰的茶杯，给鳌拜送茶。五连环：将生擒鳌拜的地点选在宽阔的武英殿。六连环：将训练好的十几名布库少年藏于武英殿内。

43. "国姓爷"郑成功收复台湾

历史名片

郑成功，本名郑森，表字明俨、大木，幼名福松，是明末清初的军事家、民族英雄。郑成功原为南明政权的大将军，绍宗赐国姓朱，赐名成功，世称"国姓爷"，又蒙昭宗封延平王，称"郑延平"。1661年率军横渡台湾海峡，翌年击败荷兰驻军，开启郑氏在台湾的统治。

历史档案

天启四年（1624年），荷兰侵占台湾。顺治十八年（1661年），郑成功亲率2.5万名将士从金门出发，在熟悉水道的何廷斌的引导下，出其不意地通过鹿耳门航道，成功登陆台湾。荷兰长官指挥其侵略军从海陆两方面进行反扑，郑成功指挥军队迅速打退了敌人，随即包围了赤嵌城，最终迫使赤嵌城荷兰守军献城投降。收复赤嵌城后，又集中兵力围攻台湾城。郑成功决定"围困俟其自降"，台湾城的敌军外援断绝，再也无力出击。1662年，荷兰殖民长官被迫在投降书上签字，台湾被成功收复。

知识链接

郑成功的父亲为海盗出身的南明将领郑芝龙，母亲为日本人田川氏。1624年郑成功出生于日本肥前国平户岛上的川内浦千里滨。传说田川氏在平户一处名为"千里"的海滩捡拾海贝、海菜时，忽然感到腹痛难忍，便急忙走到一块岩石上，生下她的儿子郑成功。如今这块被叫作"儿诞石"的石头仍然立于平户海边。

44.从清廉为官到开始贪污的转折

历史名片

和珅，钮祜禄氏，字致斋，原名善保，满洲正红旗人。和珅是清乾隆年间政治家、商人、诗人，中国历史上的权臣之一，清朝历史上的豪商，因贪污巨大，被中国人视为巨贪。乾隆帝死后十五天，嘉庆帝以一条白绫赐和珅自尽。

历史档案

和珅最初一心报效国家，为官清廉，得到乾隆的赏识。乾隆四十五年，海宁揭发大学士兼云贵总督李侍尧涉嫌贪污，乾隆下御旨命和珅远赴云南查办李侍尧。李侍尧低头认罪，和珅也因此被提升为户部尚书。李侍尧案审结后，李侍尧和他党羽的大部分财产被和珅私吞，加上乾隆的赏赐，和珅终于初尝掌握大权、大财的滋味。后其长子丰绅殷德被乾隆指为十公主额驸，领受乾隆赏赐黄金、古董等，百官争相巴结。和珅起初不受贿赂，但日子一长，就开始贪污。他广结党羽，形成一股大势力，更培植犯罪集团用以迫害政敌、地方势力和人民。俨然成了一个金字塔式的大贪污集团，和珅就立在金字塔的顶端。

知识链接

历史上真实的和珅，不仅长相俊美，更是武艺高超，是当时少有的文武全才。据《和珅列传》记载，和珅的记忆力惊人、聪明决断、多才多艺。乾隆在《平定廓尔喀十五功臣图赞》中特别提到和珅精通满、汉、蒙古、西藏四种文字，乾隆年间的班禅与满清建交，主要的交流兼翻译便是他。和珅身为《四库全书》总裁官，纪晓岚也只是他手底下的众多编纂官之一。

第三章
领略贤人风采

中华民族拥有几千年的文明，在漫长的历史长河中，涌现出了许多优秀的人物。这些先贤们总结了大量的生活经验和人生智慧，体现了他们的睿智与才华。他们有的怀才不遇，报国无门，命途多舛，几经沉浮；有的进行发明与创造，在天文地理、医学上都有许多发现；有的总结提炼出许多短小精悍、启发心智的名言佳句，为人们激赏和传诵。总之，群星璀璨，灿烂辉煌。

1.伊尹的五味调和说与火候论

历史名片

伊尹，姓伊，一说名挚，小名阿衡。中国商朝初年著名丞相、政治家，是中华厨祖，中原菜系创始人，尹是右相之意。伊尹被后人奉祀为“商元圣”，是历史上第一个以负鼎俎调五味而佐天子治理国家的杰出庖人。他创立的“五味调和说”与“火候论”，至今仍是中国烹饪的不变之规。

历史档案

伊尹是中国烹饪之圣。伊尹说，烹调美味，首先要认识原料的自然性质：“夫三群之虫，水居者腥，肉玃者臊，草食者膻。臭恶犹美，皆有所以。”美味的烹调：“凡味之本，水最为始。”烹饪的用火要适度，不得违背用火的道理：“五味三材，九沸九变，火为之纪，时疾时徐。灭腥去臊除膻，必以其胜，无失其理。”调味之事是很微妙的，要特别用心去掌握体会：“调和之事，必以甘酸苦辛咸。先后多少，其齐甚微，皆有自起。”烹饪的全过程集中于鼎中的变化，而鼎中的变化更是精妙而细微，语言难以表达，心中有数也更应悉心去领悟：“鼎中之变，精妙微纤，口弗能言，志弗能喻。若射御之微，阴阳之化，四时之数。”经过精心烹饪而成的美味之品，应该达到这样的高水平：“久而不弊，熟而不烂，甘而不哝，酸而不酷，咸而不减，辛而不烈，淡而不薄，肥而不腻。”

知识链接

资料记载，中药汤剂的创始人就是伊尹。相传伊尹很有学问，天文地理无所不通，最拿手的是用草药为人治病，药到病除，人称活神仙。《资治通鉴》称他“悯生民之疾苦，作汤液本草，明寒热温凉之性，酸苦辛甘咸淡之味，轻清重浊，阴阳升降，走十二经络表里之宜。”从史书记载中可以看到伊尹对中药汤剂的研究有多深。

2.世界的宝贵财富——老子《道德经》

历史名片

老子，原名李耳，字伯阳，又称老聃。中国春秋时代伟大的哲学家和思想家，道家学派的创始人，被道教尊为教祖，世界文化名人。后人称其为“老子”。著有《道德经》一书，是道家学派的经典著作。

历史档案

老子的思想主张是“无为”，理想政治境界是“邻国相望，鸡犬之声相闻，民至老死不相往来”。《道德经》又称《老子》，其哲学思想不但对我国古代思想文化的发展做出了重要贡献，而且对我国2000多年来思想文化的发展产生了深远的影响。《道德经》分上下两篇，原文上篇《德经》、下篇《道经》，不分章，后改为《道经》在前，《德经》在后，并分为81章，是中国历史上首部完整的哲学著作。《德经》在前是谓先修自身心意，后《道经》是谓以身心精进，在体悟道之所传。从世界范围来看，老子的著作、思想早已成为世界历史文化遗产的宝贵财富。

知识链接

据传，理氏在河边洗衣服，忽见上游漂下一个黄澄澄的李子，她忙将其捞了上来。到了中午，理氏又热又渴，便将这个李子吃了下去。从此，理氏怀了孕。理氏怀了81年的胎，生下一个男孩。这男孩一生下就白眉白发，白白的大胡子。因此，理氏给他取名“老子”。老子生下来就会说话，他指着院子中的一棵李子树，说：“李就是我的姓”。

3.孔子的“礼”与“仁”

历史名片

孔子，子姓，孔氏，名丘，字仲尼，春秋时期鲁国人。他是中国古代伟大的思想家和教育家，儒家学派创始人，世界最著名的文化名人之一。编撰了我国第一部编年体史书《春秋》。孔子的言行思想主要载于语录体散文集《论语》及《史记·孔子世家》。

历史档案

孔子思想的核心是“礼”与“仁”，在治国的方略上，他主张“为政以德”，用道德和礼教来治理国家是最高尚的治国之道。这种治国方略也叫“德治”或“礼治”。这种方略把德、礼施之于民，实际上已打破了传统的礼不下庶人的信条，打破了贵族和庶民间原有的一条重要界限。孔子的仁说，体现了人道精神；孔子的礼说，则体现了礼制精神，即现代意义上的秩序和制度。这种人道主义和秩序精神是中国古代社会政治思想的精华。

知识链接

鲁哀公十一年（前484年），长期流离在外的孔子，在他68岁高龄的时候终于又回到了故乡。他知道自己在有生之年是无法实现自己的抱负了，便将希望寄托在自己的弟子身上。同时，他将心血也倾注在六经，《诗》《书》《礼》《乐》《易》《春秋》的整理上面。这六部书，后世成为儒家思想的经典。

4.孟子最理想的政治——仁政

历史名片

孟子，原名孟轲，字子舆。战国时期鲁国人，中国古代著名思想家、教育家，战国时期儒家代表人物。继承并发扬了孔子的思想，成为仅次于孔子的一代儒家宗师，有“亚圣”之称，与孔子合称为“孔孟”。著有《孟子》一书。

历史档案

孟子继承和发展了孔子的德治思想，发展为仁政学说，成为其政治思想的核心。孟子认为，这是一种最理想的政治，如果统治者实行仁政，可以得到人民的衷心拥护；反之，如果不顾人民死活，推行虐政，将会失去民心而变成独夫民贼，被人民推翻。其仁政思想是把伦理和政治紧密结合起来，强调道德修养是搞好政治的根本。孟子说：“天下之本在国，国之本在家，家之本在身。”《大学》提出的“修齐治平”就是根据孟子的这种思想发展而来的。

知识链接

孟子把道德规范概括为四种，即仁、义、礼、智。他认为“仁、义、礼、智”是人们与生俱来的东西，不是从客观存在着的外部世界所取得的。同时他把人伦关系概括为五种，即“父子有亲，君臣有义，夫妇有别，长幼有序，朋友有信”。

5.庄子的“天道无为”思想

历史名片

庄子，原名庄周，字子休，战国时期宋国蒙（今安徽亳州蒙城）人。后世将他与老子并称为“老庄”，他也被称为蒙吏、蒙庄和蒙叟。中国著名的思想家、哲学家、文学家，是道家学派的代表人物，老子哲学思想的继承者和发展者，先秦庄子学派的创始人。

历史档案

庄生晓梦迷蝴蝶

庄子的思想包含着朴素辩证法因素，主要思想是“天道无为”，认为一切事物都在变化，他认为“道”是“先天生地”的，从“道未始有封”（即“道”是无界限差别的）。庄子主要认为自然的比人为的要好，提倡无用，认为大无用就是有用。对于庄子在中国文学史和思想史上的重要贡献，封建帝王尤为重视，在唐开元二十五年庄子被诏号为“南华真人”。庄子一生著书十余万言，书名《庄子》，又名《南华经》，对后世文学有很大影响。

知识链接

庄周梦见自己变成了一只蝴蝶，十分轻松惬意。这时他完全忘记了自己是庄周。过一会儿，他醒来了，对自己还是庄周感到十分惊奇疑惑。他认真地想了又想，不知道是庄周做梦变成蝴蝶呢，还是蝴蝶做梦变成了庄周？庄周与蝴蝶一定是有分别的。这便称之为物我合一。

6.独立卓行，千古第一士

历史名片

鲁仲连，又名鲁连，尊称“鲁仲连子”或“鲁连子”，中国战国末期齐国人。战国时期大小游士奔忙于各国之间，四处兜售个中秘术，驱动他们的是博取高位、获得富贵的“双赢”希望。在这样的时代氛围下，才真正显出鲁仲连的独立卓行来了。

历史档案

齐国田单要攻打狄城，事先曾去拜访鲁仲连。鲁仲连当着田单的面就说“您不可能打胜仗”之类的扫兴话，气得田单上车就走。结果田单真的连攻数月，也没把狄城攻打下来。田单想起鲁仲连的预言，连忙再去拜访。鲁仲连告诉他，你是齐国的相国，“有生之乐，无死之心”，怎么可能取得胜利？田单恍然大悟，立刻返回战场，亲自视察前线，攻城时身先士卒，果然很快就攻下了狄城。田单要给他赏赐，可鲁仲连直接拒绝了。他认为，天下最可贵的士，就应该为他人排忧解难释纷争。如果因为富贵而屈于人下，哪里比得上贫困却享受自由呢？能够任由自己的心意行动、完全不用在乎世人的看法，才是真正的如意自在。

知识链接

鲁仲连以口才超群、谈锋机警的“辩士”形象呈现在世人面前，但他和一般的辩士有着较为明显的差别。稷下学宫中的“天口骈”田骈、“谈天衍”邹衍等人大多务虚谈玄，斗嘴诡辩，将个人的思维能力和语言表达能力发挥到极致，而鲁仲连则注意理论联系实际，为现实而辩，为国事而辩。尤为可贵的是，他“位卑未敢忘忧国”，不把爱国挂在嘴上，言必行，行必果，将自己的辩才直接应用到帮助田单收复失地，光复齐国的实践斗争中。

7.“诗魂”屈原和他的“楚辞”

历史名片

屈原，战国时期楚国诗人、政治家。芈姓，屈氏，名平，字原；又自云名正则，字灵均。中国历史上第一位伟大的爱国诗人，中国浪漫主义文学的奠基人，被誉为“中华诗祖”“辞赋之祖”。屈原的出现，标志着中国诗歌进入了一个由集体歌唱到个人独创的新时代。他被后人称为“诗魂”。

历史档案

屈原创立了“楚辞”这种文体，开辟了“香草美人”（象征忠君爱国的思想）的传统。楚辞是战国时期兴起于楚国的一种诗歌形式。作品运用楚地的文学样式、方言声韵，叙写楚地的山川人物、历史风情，具有浓厚的地方特色。楚辞的句法参差错落、灵活变化、辞藻华美、对偶工巧，以大量“兮”字作衬字。屈原吸收其营养，创作出《离骚》等巨制鸿篇。《离骚》是楚辞的代表作，楚辞因此又称为“离骚体”。屈原创作的“楚辞”是中国浪漫主义文学的源头，与《诗经》并称“风骚”，对后世诗歌产生了深远影响。

屈原

知识链接

屈原忠事楚怀王，却屡遭排挤，怀王死后又因顷襄王听信谗言而被流放。公元前278年，秦国大将白起攻破了楚国国都，屈原的政治理想破灭，有心报国，无力回天，只得以死明志，最终怀恨投汨罗江自杀。后人定农历五月初五为端午节，以此纪念屈原。

8.扁鹊的“四诊法”与“六不治”

历史名片

扁鹊，姬姓，秦氏，名越人，战国时期医学家。由于他的医术高超，被认为是神医，所以当时的人们借用了上古神话的黄帝时神医“扁鹊”的名号来称呼他。扁鹊精于内、外、妇、儿、五官等科，应用汤液、针灸、砭石、熨帖、按摩、手术等法治疗疾病，被尊为医祖。

历史档案

扁鹊有丰富的医疗实践经验，反对巫术治病，总结前人经验，创立望、闻、问、切的四诊法。扁鹊看病行医有“六不治”原则：一是依仗权势，骄横跋扈的人不治；二是贪图钱财，不顾性命的人不治；三是暴饮暴食，饮食无常的人不治；四是病深不早求医的不治；五是身体虚弱不能服药的不治；六是相信巫术不相信医道的不治。扁鹊在总结前人医疗经验的基础上创造总结出望（看气色）、闻（听声音）、问（问病情）、切（按脉搏）的诊断疾病的方法。在这四诊法中，扁鹊尤擅长望诊和切诊。当时，扁鹊的切脉技术高超，名扬天下。扁鹊奠定了中医学的切脉诊断方法，开启了中医学的先河。

知识链接

扁鹊后因医治秦武王病，被秦国太医令李醯（xī）妒忌杀害。相传扁鹊是四月二十八日诞生的，人们在他的家乡建造起“药王庙”，专门供奉他。每年四月二十八日这一天，人们都举行盛大的纪念仪式。同时，也祈求扁鹊保佑人们无病无痛、延年益寿。

9.建筑工匠的“祖师”——鲁班

历史名片

鲁班，姓公输，名般，字若，春秋末期鲁国人，又称公输子、公输盘、班输、鲁般。“般”和“班”同音，古时通用，故人们常称他为鲁班。鲁班是我国古代一位出色的发明家，几千年来，一直被举为木工、石工、泥瓦匠等行业的祖师。

历史档案

鲁班生活在春秋末期到战国初期，出身于世代工匠的家庭，从小就跟随家里人参加过许多土木建筑工程劳动，逐渐掌握了生产劳动的技能，积累了丰富的实践经验。这位民间工艺家，不仅能建造“宫室台榭”，而且在攻伐征战频繁的年代，曾造“云梯”等攻城的器械。相传，鲁班创造了锯、钻、刨子、铲子、曲尺、墨斗，“机关备具”的“木车马”以及磨子、碾子等，这些创造，虽然不免有被后人夸大和理想化的地方，但他却是一位少有的巧匠，人们称颂他是“机械之圣”。

知识链接

相传，鲁班建造一座巨大宫殿需要很多木料，徒弟们用斧头砍树效率低下，于是他决定亲自上山察看情况。上山时，他无意中抓了一把野草，手被划伤了。鲁班摘下一片叶子细心观察，发现叶子两边长着许多小细齿。后来，鲁班又看到一条大蝗虫在一株草上啃吃叶子，很快就吃下一大片。他抓住蝗虫，仔细观察蝗虫口部的结构，发现蝗虫的牙上同样排列着许多小细齿。鲁班受到启发，他让铁匠们制作带有小锯齿的铁片，然后到山上锯树，不一会儿就把树锯断了，锯也就这样诞生了。

10.世界文明的巨大贡献——“蔡侯纸”

历史名片

蔡伦，字敬仲，总结以往人们的造纸经验革新造纸工艺，制成了“蔡侯纸”。蔡伦的造纸术被列为中国古代“四大发明”，对人类文化的传播和世界文明的进步作出了杰出的贡献，千百年来备受人们的尊崇。被纸工奉为造纸鼻祖、“纸神”。

历史档案

西汉时，造纸工艺还处在探索阶段。东汉时期，造纸业取得了极大的成就。新的造纸工艺，主要是在纸浆的化学处理和漂白等关键工艺上有了重大突破。蔡伦的发明，使造纸原料多样化，还能化旧利废，取材方便，提高了纸的质量，便于普通推广。蔡伦的功绩是不朽的，当时天下都称之为“蔡侯纸”。从此，纸张迅速代替了过去的竹简、木牍和缣帛，大大便利了科学文化的传播和推广。公元8世纪，中国造纸术传入西亚，以后又传入欧洲，逐步在全世界得到推广。纸的发明使用，是中国对世界文明的巨大贡献。

知识链接

汉明帝永平十八年（75年），15岁的蔡伦被选入洛阳宫内为太监。汉安帝元初五至六年（118～119年）蔡伦被提升为长乐太仆，成为邓太后的首席近侍官，受到满朝文武的奉承。正当他权位处于顶峰之际，建光元年（121年）邓太后去世，安帝亲政。蔡伦因当初受窦后指使参与迫害安帝皇祖母宋贵人致死、剥夺皇父刘庆的皇位继承权而被审讯查办。蔡伦自知死罪难免，于是自杀而亡。

11.中国医学史上的谜——麻沸散

历史名片

华佗，名旉（fū），字元化，东汉末医学家。他精通内、外、妇、儿、针灸各科，尤擅外科，曾用“麻沸散”施剖腹术，为世界医学史上最早之全身麻醉。三国时，华佗医术全面，精于手术，被后人称为外科圣手、外科鼻祖。

历史档案

华佗精于方药、针灸，特别精于外科手术。在施行手术前，他让病人服用他发明的麻沸散，进行麻醉。施行手术后把创口缝合，涂上膏药，就能逐渐痊愈。华佗能剖腹破背，剪截，冲洗肠胃，还能做需要高度精确而复杂的脑科手术，实在令人惊叹。华佗发明的“麻沸散”比西方使用的麻醉剂要早一千多年。在被曹操抓捕入狱后，华佗曾经想把自己写的医书交给狱卒，并告诉他这书可以拿来救人，可惜狱卒害怕被曹操发现，不敢收下，华佗最后只好把书烧了。就这样，麻沸散在中国医学史上成了一个谜。

知识链接

在医疗体育方面，华佗创立了著名的五禽戏。“五禽戏”就是模仿五种动物的形态、动作和神态，来舒展筋骨，畅通经脉。五禽，分别为虎、鹿、熊、猿、鸟，常做五禽戏可以使手足灵活，血脉通畅，还能防病祛病。五禽戏是一套使全身肌肉和关节都能得到舒展的医疗体操，五禽戏的动作是模仿虎的扑动前肢、鹿的伸转头颈、熊的伏倒站起、猿的脚尖纵跳、鸟的展翅飞翔等。

12.张仲景与他的《伤寒杂病论》

历史名片

张仲景，名机，字仲景，东汉末年著名医学家，世界医史伟人，被后人尊称为医圣，南阳五圣之一。与华佗、董奉并称为“建安三神医”。张仲景的《伤寒杂病论》，是中医史上第一部理、法、方、药具备的经典。

历史档案

张仲景的医药巨著《伤寒杂病论》确立的辨证论治原则，是中医临床的基本原则，是中医的灵魂所在。在方剂学方面，《伤寒杂病论》创造了很多剂型，记载了大量有效的方剂。张仲景创造性地把外感热性病的所有症状，归纳为六个症候群（即六个层次）和八个辨证纲领，以六经（太阳、少阳、阳明、太阴、少阴、厥阴）来分析归纳疾病在发展过程中的演变和转归，以八纲（阴阳、表里、寒热、虚实）来辨别疾病的属性、病位、邪正消长和病态表现。六经辨证的治疗原则，受到历代医学家的推崇。《伤寒杂病论》序中写道：“上以疗君亲之疾，下以救贫贱之厄，中以保生长全，以养其身”，表现了张仲景作为医学大家的仁心仁德，后人尊称他为“医宗之圣”。

知识链接

张仲景在任长沙太守期间，正值疫疠流行，许多贫苦百姓慕名前来求医。开始他是在处理完公务之后，在后堂或自己家中给人治病；后来由于前来治病者越来越多，他干脆把诊所搬到了长沙大堂，公开坐堂应诊，首创了名医坐大堂的先例。后来，人们为了纪念张仲景，便把坐在药店内治病的医生通称为“坐堂医”。这些医生也把自己开设的药店取名为“某某堂药店”，这就是中医药店称“堂”的来历。

13.东汉著名的无神论者王充

历史名片

王充，字仲任，东汉唯物主义哲学家、无神论者。王充思想虽属于道家，却与先秦老庄思想有严格的区别；虽是汉代道家思想的主张者，但却与汉初王朝所标榜的“黄老之学”以及西汉末年民间流行的道教均不同。其代表作《论衡》是中国历史上一部不朽的无神论著作。

历史档案

王充以道家的自然无为为立论宗旨，以“天”为天道观的最高范畴。以“气”为核心范畴，由元气、精气、和气等自然气化构成了庞大的宇宙生成模式，与天人感应论形成对立之势。其在主张生死自然、力倡薄葬，以及反叛神化儒学等方面彰显了道家的特质。他以事实验证言论，弥补了道家空说无着的缺陷。王充指出，人是自然界的一部分，人和万物一样，是禀受天地元气而成，人的自然属性与万物并无区别。他认为，一个人的才能操行跟富贵贫贱没有必然联系，不能用权势的大小或地位的高低作为德才优劣的标准。《论衡》就是评定当时言论价值的天平，它的目的是“冀悟迷惑之心，使知虚实之分”。

知识链接

《论衡》一书，分30卷、85篇，除《招致》一篇外，其余84篇都保存了下来。全书共计20余万字。比如其中的《订鬼》篇，以“人病则忧惧，忧惧则鬼出”的理论来阐释，鬼是人生病时恐惧心里所带来的幻觉，并非真实存在，订正当时社会上流行的对鬼的认识，冲击了迷信邪说。

14.张衡的“浑天仪”与“地动仪”

历史名片

张衡，字平子，中国东汉时期伟大的天文学家、数学家、发明家、地理学家、制图学家、诗人，为中国天文学、机械技术、地震学的发展作出了不可磨灭的贡献。张衡是东汉中期浑天说的代表人物之一。

历史档案

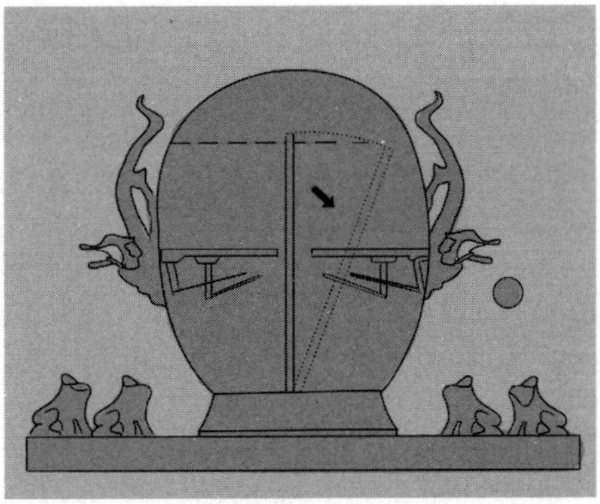

张衡总结前人在天文学上的成就，创制了浑天仪、候风地动仪。浑天仪是用水力转动的一个水运浑象（即现在的天体仪）。用铜铸成，球面上标出黄道、赤道、南极、北极，还刻上二十八星宿及其他星座、恒显圈、恒隐圈等，成一浑象，再用一套转动机械，使漏壶滴水转动浑象，每天有规律地回转一周，使它与天球同步转动，以显示星空的周日视运动。张衡发明的地动仪，称为候风地动仪，则是世界上第一台测定地震的仪器。候风地动仪是世界上的地震仪之祖。虽然它的功能尚只限于测知震中的大概方位，但它却超越了世界科技的发展约1800年。

知识链接

浑天仪还有一个附属机构即瑞轮蓂荚，是张衡别出心裁创造的一种机械日历。它模仿神话中奇树蓂荚的特征，靠流水作用，由传动装置和浑象相连，从每月初一起，每天出现一叶片；到满月出齐15片，然后每天再收起一片，到月末为止，循环开合。所谓“随月盈虚，依历开落”，其作用就相当于现在钟表中的日期显示。

15.建安文学的代表“建安七子”

历史名片

建安七子，东汉末年建安时期（196 ~ 220年）的七位著名诗人，他们是孔融、陈琳、王粲、徐干、阮瑀、应玚、刘桢。这七人大体上代表了建安时期除曹氏父子（即曹操、曹丕、曹植）外的优秀作者。因建安七子曾同居魏都邺中，故又号“邺中七子”。

历史档案

“七子”之称，始于曹丕所著的《典论·论文》。七子的创作各有个性。孔融长于奏议散文，作品体气高妙。王粲诗、赋、散文，号称“兼善”，其作品抒情性强。刘桢擅长诗歌，所作气势高峻、格调苍凉。陈琳、阮瑀，以章表书记闻名当时，在诗歌方面也都有一定成就，其风格的差异在于陈琳比较刚劲有力，阮瑀比较自然畅达。徐干诗、赋皆能，文笔细腻、体气舒缓。应玚亦能诗、赋，其作品和谐而多文采。“七子”的创作风格也具有一些共同的特点，也就是建安文学的时代风格，梗概多气、慷慨悲凉。

知识链接

“七子”中除孔融与曹操政见不合外，其余六人虽然各自经历不同，但都亲身受过汉末离乱之苦，后来投奔曹操，地位发生了变化，才有了安定、富贵的生活。他们多视曹操为知己，想依赖他干一番事业。因此他们的诗与曹氏父子有许多共同之处。

16.“竹林之下”的贤人逸士

历史名片

竹林七贤，三国魏晋时嵇康、阮籍、山涛、向秀、刘伶、王戎及阮咸这七位名士的合称。他们成名年代较“建安七子”晚一些，大致在魏正始年间（240～249年）。七人常聚在当时的山阳县（今河南修武一带）竹林之下，肆意酣畅，故世谓“竹林七贤”。

历史档案

“竹林七贤”的政治思想和生活态度不同于建安七子，他们大都“弃经典而尚老庄，蔑礼法而崇放达”。在政治上，嵇康、阮籍、刘伶对司马氏集团均持不合作态度，嵇康因此被杀。山涛、王戎等则是先后投靠司马氏，历任高官，成为司马氏政权的心腹。在文章创作上，以阮籍、嵇康为代表。阮籍的《咏怀》诗82首，多以比兴、寄托、象征等手法，隐晦曲折地揭露最高统治集团的罪恶，讽刺虚伪的礼法之士，表现了诗人在政治恐怖下的苦闷情绪。嵇康的《与山巨源绝交书》，以老庄崇尚自然的论点，说明自己的本性不堪出仕，公开表明了自己不与司马氏合作的政治态度，文章颇负盛名。

知识链接

玄学强调超越自然和宇宙本体之上的“道”“无”的精神追求和哲学境界。竹林七贤是当时玄学的代表人物，虽然他们的思想倾向不同。嵇康、阮籍、刘伶、阮咸始终主张老庄之学，“越名教而任自然”，山涛、王戎则好老庄而杂以儒术，向秀则主张名教与自然合一。他们在生活上不拘礼法，清静无为。作品揭露和讽刺司马朝廷的虚伪，以其独树一帜的风格展现“竹林玄学”的狷狂名士风流自得的精神世界。

17.王羲之“贵越群品，古今莫二”

历史名片

王羲之，字逸少，中国东晋书法家，被世人誉为“书圣”。官至右军将军、会稽内史，故称王右军、王会稽。他的书法造诣登峰造极，与儿子王献之并称“二王”。王羲之博采众长，观摩学习“兼撮众法，备成一家”，达到了“贵越群品，古今莫二”的高度。

历史档案

王羲之楷书师从钟繇，草书学张芝，亦学李斯、蔡邕等，博采众长。他的书法被誉为“龙跳天门，虎卧凤阙”，给人以静美之感，恰与钟繇书形成对比。他的书法圆转凝重，易翻为曲，用笔内敛，全然突破了隶书的笔意，创立了妍美流便的今体书风。王羲之作品的真迹已难得见，我们所看到的都是摹本。王羲之楷、行、草、飞白等体皆能，如楷书《乐毅论》《黄庭经》、草书《十七帖》、行书《姨母帖》《快雪时晴帖》《丧乱帖》等。他所书的行楷《兰亭序》最具有代表性，被称为“天下第一行书”。

知识链接

有一年王羲之写了一副春联，可因他书法盖世，此联刚一贴出，即被人趁夜揭走。王羲之想了想，又提笔写了一副，写完后，让家人先将对联剪去一截，把上半截先张贴于门口：福无双至 祸不单行。夜间有人来偷揭，一看这副对联写得太不吉利，只好溜走了。第二天天刚亮，王羲之亲自出门将昨天剪下的下半截分别贴好，对联变成：福无双至今朝至 祸不单行昨夜行。众人拍掌称妙。

18.古今隐逸诗人之宗——陶渊明

历史名片

陶渊明，字元亮，又名潜，私谥“靖节”，世称靖节先生。东晋末至南朝宋初期伟大的诗人、辞赋家。曾做过几年小官，后辞官隐居不仕，从此归隐田园。陶渊明是中国第一位田园诗人，被称为“古今隐逸诗人之宗”，有《陶渊明集》留世。

历史档案

田园生活是陶渊明诗的重要题材。他的诗多取材田园风光、平常生活，运用朴素的语言、白描的手法，直率地抒写而出，使人感到自然亲切，情感真挚。在陶渊明的田园诗中，随处可见的是他对污浊现实的厌烦和对恬静的田园生活的热爱。在《归园田居》中，他将官场写成“尘网”，将身处其中比喻为“羁鸟”和“池鱼”，将退隐田园更是比喻为冲出“樊笼”，返回“自然”。由于对现实的失望，迫使诗人回到诗歌中去构筑一个理想的社会。

知识链接

陶渊明在彭泽当县令时，所在郡的太守派出一名督邮，到彭泽县来督察。陶渊明平时蔑视功名富贵，对这种假借上司名义发号施令的人很瞧不起，但也不得不见，于是马上动身。不料县吏拦住陶渊明说："参见督邮要穿官服，束上大带，不然有失体统，督邮要乘机大做文章，会对大人不利！"这一下，陶渊明再也忍受不了了。他长叹一声："我不能为五斗米向乡里小人折腰！"说罢，索性取出官印，马上写了一封辞职信，随即离开只当了八十多天县令的彭泽。这就是"不为五斗米折腰"的故事。

19.山水诗派的开创者——谢灵运

历史名片

谢灵运，浙江会稽人，原为陈郡谢氏士族。东晋名将谢玄之孙，小名“客”，人称谢客。又以袭封康乐公，称谢康公、谢康乐。著名山水诗人，主要创作活动在刘宋时代，中国文学史上山水诗派的开创者。主要成就在于山水诗。

历史档案

谢灵运的诗充满道法自然的精神，贯穿着一种清新自然恬静之韵味，一改魏晋以来晦涩的玄言诗之风。谢灵运善于用富艳精工的语言记叙游赏经历、描绘自然景物，多有形象鲜明、意境优美的佳句，对唐代的诗歌发展有一定的影响。同时，他的创作极大地丰富和开拓了诗的境界，使山水的描写从玄言诗中独立了出来，从而扭转了东晋以来的玄言诗风，确立了山水诗的地位。由谢灵运开始，山水诗成为中国诗歌发展史上的一个流派。

谢灵运

知识链接

谢灵运出身名门，兼负才华，但仕途坎坷。晋末曾出任琅琊王德文的大司马行参军、豫州刺史刘毅的记室参军、北府兵将领刘裕的太尉参军等。入宋后，因刘裕采取压抑士族的政策，降爵为康乐侯，出任永嘉太守、临川内史等职。元嘉十年（433年）被宋文帝刘义隆以“叛逆”罪名杀害。

20.玄奘西行求法，不畏艰辛

历史名片

玄奘，俗名陈祎，乳名江流，法名玄奘，梵文名摩诃耶那提婆奴。唐代第一高僧，世称三藏法师、唐三藏，意谓其精于经、律、论三藏，熟知所有佛教圣典。汉传佛教史上最伟大的译经师之一，中国佛教法相唯识宗创始人。

历史档案

贞观元年（627年），玄奘结侣陈表，请允西行求法。但未获唐太宗批准。然而玄奘决心已定，乃“冒越宪章，私往天竺”，始自长安神邑，终于王舍新城，长途跋涉十余万里。玄奘大师所带回的经、像、舍利等共数百件，其中除佛像及佛舍利150粒之外，还有佛经梵文原典520卷657部。玄奘十年间与弟子共译出75部1335卷，还著有《大唐西域记》十二卷，记述他西游亲身经历的110个国家及传闻的28个国家的山川、地邑、物产、习俗等。

知识链接

玄奘少时因家境困难，跟随长捷法师住净土寺，学习佛经五年。在这期间他学习了小乘和大乘佛教，而他本人偏好后者。他11岁熟读《妙法莲华经》《维摩诘经》。13岁时洛阳度僧，被破格入选。其后听景法师讲《涅槃》，从严法师学《摄论》，升座复述，分析详尽，博得大众的钦敬，可谓天资聪颖。

21.鉴真东渡日本，弘传佛法

历史名片

鉴真，唐朝高僧，俗姓淳于，律宗南山宗传人，日本佛教南山律宗的开山祖师，著名医学家。应日本留学僧请求先后六次东渡，弘传佛法，促进了文化的传播与交流。日本人民称鉴真为“天平之甍”，意为他的成就足以代表天平时代文化的屋脊（意为高峰）。

历史档案

鉴真在唐玄宗天宝年间屡次尝试东渡日本，十多年间共有六次，直到天宝十二年（753年）第六次东渡才获成功。鉴真带去很多佛经和医书到日本。他主持重要佛教仪式，系统讲授佛经，成为日本佛学界的一代宗师。他指导日本医生鉴定药物，传播唐朝的建筑技术和雕塑艺术，设计和主持修建了唐招提寺。这座以唐代结构佛殿为蓝本建造的寺庙是世界的一颗明珠，保存至今。763年，鉴真坐化于唐招提寺，时人称为真菩萨。

知识链接

鉴真第五次东渡时，遭到恶风怒涛的袭击，在海上漂了14天，最后漂到海南岛的振州（今崖县）。返途经过端州时，日本弟子荣睿病故，鉴真哀恸悲切，加上天气炎热，突发眼疾，导致双目失明。但他东渡弘法之志弥坚，从未动摇。

22.刻意求新的“画圣”吴道子

历史名片

吴道子，玄宗赐名道玄，唐代著名画家，被后世尊称为“画圣”，被民间画工尊为祖师。曾任兖州瑕丘（今山东滋阳）县尉，不久辞职。后流落洛阳，从事壁画创作。开元年间以善画被召入宫廷，历任供奉、内教博士、宁王友。擅佛道、神鬼、人物、山水、鸟兽、草木、楼阁等，尤精于佛道、人物，长于壁画创作。

历史档案

吴道子在绘画艺术上之所以取得卓越的成就，是因为他可以创新。他善于从复杂的物体形态中吸收精髓，把凹凸面、阴阳面，归纳成为不可再减的“线”，结合物体内在的运动，构成线条的组织规律，如衣纹的高、侧、深、斜、卷、折、飘、举的姿势，完全基于线条的组织而描摹出物体的性格。这种线的要求是严格的，每一根线都符合造型传神的要求，每一根线都充满了韵律美，这是集前代之大成而又有所创新的线。吴道子画人物，笔势圆转，衣服飘带如迎风飘扬，后人称这种风格为“吴带当风”。敦煌的唐宋壁画中可见类似风格，与吴道子风格相似的还表现在线描与晕染等技法上。人们认为，敦煌壁画中的兰叶描与吴道子线描绝技也是一脉相承的。

知识链接

吴道子所画的《地狱变相》是其代表作。《东观余论》记吴道子在景云寺所画《地狱变相》时说：“视今寺刹所图，殊弗同。了无刀林、沸镬（huò）、牛头、阿房之像，而变状阴惨，使观者腋汗毛耸，不寒而栗。”也就是说画中无“刀林、沸镬”的恐怖的直觉形象来辅助画面的“阴惨”，但作品中却有比神灵鬼怪等更能强烈地撼动人心的力量。其艺术效果如此惊人，足见吴道子在佛画艺术上所取得的卓越成就。

23.积极浪漫主义诗人——李白

历史名片

李白，字太白，号青莲居士，又号“谪仙人”。唐代伟大的浪漫主义诗人，被后人誉为“诗仙”。李白爽朗大方，爱饮酒作诗，喜交友。有《李太白集》传世，代表作有《望庐山瀑布》《行路难》《蜀道难》《将进酒》《越女词》《早发白帝城》等。

历史档案

李白的乐府、歌行及绝句成就最高。其歌行，完全打破诗歌创作的一切固有格式，空无依傍，笔法多端，达到了任随性之而变幻莫测的神奇境界。李白的绝句自然明快，能以简洁明快的语言表达出无尽的情思。在盛唐诗人中，兼长五绝与七绝而且同达极境的，只有李白一人。李白的诗雄奇飘逸，富有浪漫主义精神，达到了内容与艺术的完美统一。李白诗中常将想象、夸张、比喻、拟人等手法综合运用，从而造成神奇异彩、瑰丽动人的意境，这就是李白的浪漫主义诗作给人以豪迈奔放、飘逸如仙的原因所在。

知识链接

李白在诗中毫不掩饰地抒发感情，表现他的喜怒哀乐。当社稷倾覆、民生涂炭时，他“过江誓流水，志在清中原。拔剑击前柱，悲歌难重论”（《南奔书怀》），慷慨激昂；与朋友开怀畅饮时，“两人对酌山花开，一杯一杯复一杯。我醉欲眠卿且去，明朝有意抱琴来”（《山中与幽人对酌》），又是那样天真直率。

24.伟大的现实主义诗人——杜甫

历史名片

杜甫，字子美，自号少陵野老，唐代伟大的现实主义诗人，与李白合称“李杜”。为了与李商隐与杜牧即“小李杜”区别，杜甫与李白又合称“大李杜”，杜甫也常被称为“老杜”。杜甫被后人称为“诗圣”，他的诗被称为“诗史”。杜甫诗歌大多集于《杜工部集》。

历史档案

杜甫一生经历了封建社会由盛转衰的变化时代，深刻地感受到统治阶级的腐朽和人民的痛苦。这些经历使他的诗歌带有强烈的现实意义，使他成为不同于李白的现实主义诗人。在“安史之乱”前后，他写了《兵车行》《三吏》《三别》等著名诗篇，描述人民的苦难，揭露了统治阶级的腐朽残暴。这些都是杜诗的精华。杜诗内容深刻，风格沉郁雄浑，语言精练，叙事严谨，真实地反映了广阔的社会现实生活。在艺术上，杜甫力倡“转益多师”，注意吸收融合各家之长，又坚持“别裁伪体”的批判精神，成就极高，以律诗和古体见长，具有“沉郁顿挫”的独特的艺术风格。

知识链接

杜甫给后人留下的最大疑惑是他的死因。文学、史学界针对杜甫的死因提出了五种说法，而且各执一词，发人深思。一是病死说；二是赐死；三是自沉于水而死；四是食物中毒而死；五是消化不良而死，此说较为可信。杜甫离开四川后客居湖南，由于被洪水围困，连续饿了9天。当地县令把杜甫救了回来，用牛肉、白酒招待他。杜甫因许久未进食，肠胃难以承受，最终因消化不良而死。

25.新乐府运动的代表——白居易

历史名片

白居易，字乐天，号香山居士，又号醉吟先生，唐代伟大的现实主义诗人。白居易与元稹共同倡导新乐府诗歌运动，世称“元白”。白居易的诗歌题材广泛，语言平易通俗，有“诗魔”“诗王”之称。有《白氏长庆集》传世，代表作有《长恨歌》《卖炭翁》《琵琶行》等。

历史档案

白居易在《新乐府序》中明确指出，诗歌必须既写得真实可信，又浅显易懂，还便于入乐歌唱，才算达到了极致。白居易把诗比作果树，提出“根情、苗言、华声、实义”的观点。他认为“情”是诗歌的根本条件，而情感的产生又是有感于事而系于时政。因此，诗歌创作不能离开现实，必须取材于现实生活中的各种事件。他继承了《诗经》以来的比兴美刺传统，重视诗歌的现实内容和社会作用。强调诗歌揭露、批评政治弊端的功能。《与元九书》中他提出了著名的“文章合为时而著，歌诗合为事而作”的现实主义创作原则。

知识链接

白居易酿的酒，质高出众，他为自家的酒作诗：“开坛泻罇中，玉液黄金脂；持玩已可悦，欢尝有余滋；一酌发好客，再酌开愁眉；连延四五酌，酣畅入四肢。”白居易造酒的历史不但有记载，而且直到今天，还有“白居易造酒除夕赏乡邻”的故事流传。

26.李商隐诗歌的新风格、新境界

历史名片

李商隐，字义山，号玉溪生、樊南生，晚唐著名诗人，与杜牧合称“小李杜”，与温庭筠合称“温李”。李商隐是晚唐乃至整个唐代，为数不多的刻意追求诗美的诗人。其诗构思新奇，尤其是一些爱情诗和无题诗写得缠绵悱恻，广为传诵。

历史档案

李商隐心灵善感，用很多作品来表现晚唐士人伤感哀苦的情绪，加上他对爱情的执着，开创了诗歌的新风格、新境界。李商隐成就最高的是近体诗，尤其是七言律绝。他是继杜甫之后，唐代七律发展史上的第二座里程碑。李商隐继承了杜甫七律锤炼谨严、沉郁顿挫的特色，又融合了齐梁诗的浓艳色彩、李贺诗的幻想象征手法，形成了深情缠绵、绮丽精工的独特风格。另外，李商隐将人生慨叹的抒写向更深细，隐晦方面发展，善于用艳丽精工的艺术形式表达惆怅落寞的情绪，诗中充满了迷茫与悲凉的体验，富有象征暗示色彩，有一种朦胧美。李商隐的诗歌从某种意义上说是其心灵的象征，是一种纯属主观的生命体验的表现。

知识链接

李商隐的爱情诗在中国古典诗歌中独具特色。其中一部分表现他与妻子王氏的伉俪情深，代表作《夜雨寄北》：“君问归期未有期，巴山夜雨涨秋池。何当共剪西窗烛，却话巴山夜雨时。”通过对巴山夜雨秋景的描写，表现了李商隐客居异乡的寂寞和对妻子的深切思念。

27."小杜"杜牧的诗赋风采

历史名片

杜牧，字牧之，号樊川居士，宰相杜佑之孙，杜从郁之子。晚唐杰出的诗人、散文家。与李商隐并称“小李杜”。杜牧的诗歌以七言绝句著称，内容以咏史抒怀为主。因晚年居长安南樊川别墅，故后世称“杜樊川”，著有《樊川文集》。

历史档案

杜牧的文学创作有很多成就，诗、赋、古文都身处名家。杜牧主张凡文以意为主，以气为辅，以辞采章句为之兵卫，对作品内容与形式的关系有比较正确的理解。并能吸收、融合前人的长处，以形成自己特殊的风貌。杜牧的古体诗受杜甫、韩愈的影响，题材广阔，笔力峻峭，近体诗则以文词清丽、情韵跌宕见长。晚唐诗歌的总趋向是藻绘绮密，杜牧受时代风气影响，也有注重辞采的一面。这种重辞采的共同倾向和他个人“雄姿英发”的特色相结合，风华流美而又神韵疏朗，气势跌宕而又精致婉约。七绝尤有逸韵远神，晚唐诸家让渠独步。

知识链接

杜牧跟诗人张祜极为要好。一次，张祜到官府赴宴，看到杜牧也在座。当时，两人都爱恋座中一位漂亮的歌妓，于是决定用骰子赌输赢的方式来决定谁有权去继续爱恋。杜牧当下遂开始吟道：骰子逡巡裹手拈，无因得见玉纤纤。张祜一听，也不甘示弱地接口续吟：但须报道金钗落，仿佛还因露指尖。语音刚落，两人不觉大笑，反而忘了“赌酒取姬”的事。

28.个性鲜明的北宋四大书法家

历史名片

北宋四大书法家，是指北宋后期出现的苏、黄、米、蔡四大书法家，即苏轼、黄庭坚、米芾和蔡襄。他们打破了晋代“二王”和唐代颜真卿、柳公权书法的严整格局，建立了抒发个性、纵恣疏放的书风，统领了南宋书坛并影响各代。

历史档案

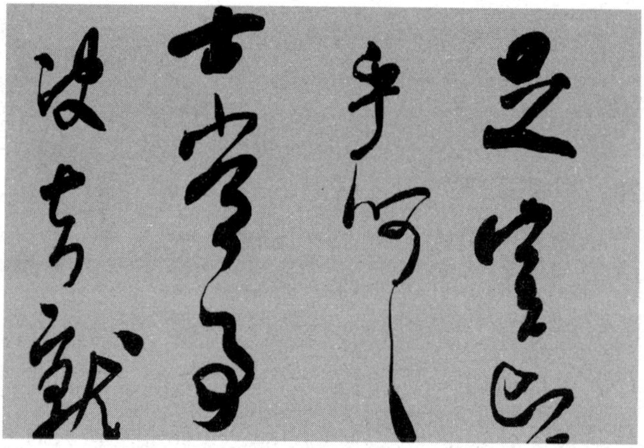

苏轼擅长行、楷，从《兰亭序帖》入手，后取颜真卿之神，故其书风绵里藏针。他多用卧笔、偏锋，笔形丰腴酣畅，笔势在翻澜中不失豪爽劲骨，被黄庭坚赞为“本朝善书，自当推第一”。黄庭坚的书法，小字行书书法圆转流畅，沉静典雅；大字行书笔画遒劲郁拔，而神闲意秾，表现出黄书的特色。蔡襄通诗文，书擅各体，草书尤精，师法晋二王、唐虞世南、颜真卿、徐浩，故其书风多变。米芾则是更具个性特征的书家，草书具二王之韵。笔态纵横不羁，显现出直抒胸臆、直率豪放的艺术个性。

知识链接

苏轼，字子瞻，号东坡居士，北宋文豪，“三苏”之一，“唐宋八大家”之一。三苏指北宋散文家苏洵和他的儿子苏轼、苏辙。唐宋八大家是指唐代韩愈、柳宗元和宋代欧阳修、苏洵、苏轼、苏辙、王安石、曾巩八位散文家的合称。

29.布业始祖——黄道婆

历史名片

黄道婆，又名黄婆、黄母，松江府乌泥泾镇（今上海市徐汇区华泾镇）人。宋末元初著名的棉纺织家、改革家。由于传授先进的纺织技术以及推广先进的纺织工具，而受到百姓的敬仰。在清代，黄道婆被尊为布业的始祖。

历史档案

元代元贞年间（1295～1296年），黄道婆在松江府以东的乌泥泾镇，教人制棉，传授和推广“捍（搅车，即轧棉机）、弹（弹棉弓）、纺（纺车）、织（织机）”之具和“错纱配色，综线挈花”等织造技术。她所织的被褥巾带，花色多样，栩栩如生。由于乌泥泾和松江一带人民迅速掌握了先进的织造技术，一时“乌泥泾被不胫而走，广传于大江南北”。松江府曾成为全国最大的棉纺织中心，松江布有“衣被天下”的美称。黄道婆去世后，大家在乌泥泾镇替她修建祠堂，称先棉祠。

知识链接

黄道婆十二三岁就被卖给人家当童养媳，后来她决心逃出去另寻生路，于是随船到了崖州（海南崖县）。淳朴热情的黎族人十分同情黄道婆的遭遇，接受了她，并且在劳动生活中，把他们的纺织技术毫无保留地传授给她。黄道婆聪明勤奋，虚心向黎族同胞学习纺织技术，并且融合黎汉两族人民的纺织技术的长处，逐渐成为一个出色的纺织能手。

30.全能大儒，圣贤王阳明

历史名片

王守仁，幼名云，字伯安，别号阳明。因曾筑室于会稽山阳明洞，自号阳明子，故称阳明先生，亦称王阳明。明代著名的思想家、文学家、哲学家和军事家，陆王心学之集大成者，精通儒家、道家、佛家。王守仁与孔子、孟子、朱熹并称为孔、孟、朱、王。

历史档案

王守仁的学说思想阳明学，是明代影响最大的哲学思想。阳明学，又称王学、心学，作为儒学的一门学派，最早可推溯自孟子，是由王守仁发展的儒家学说。根据王守仁一生中的经历，其受到道家的影响明显多于佛家，但其终究不离儒学本质。王守仁继承陆九渊强调“心即是理”之思想，反对程颐、朱熹通过事事物物追求“至理”的“格物致知”方法，在知与行的关系上，强调要知，更要行，知中有行，行中有知，所谓“知行合一”，二者互为表里，不可分离。知必然要表现为行，不行则不能算真知。阳明学是明朝中晚期的主流学说之一，立德、立言于一身，成就冠绝有明一代。弟子众多，世称姚江学派。

知识链接

1506年，王阳明因得罪大宦官刘瑾，被贬官至贵州龙场。龙场地处偏远，条件困苦，但安静的环境让王阳明有了一个反省、沉淀自己人生学识的绝好时机。有一天夜里，他忽然醒悟、顿悟，提出了影响深远的“心即理”命题。这就是著名的“龙场悟道”。

31.李时珍和巨著《本草纲目》

历史名片

李时珍，字东璧，晚年自号濒湖山人，明代著名医药学家、世界名医、药学家、博物学家、著述家。万历十八年（1590年），李时珍完成了192万字的巨著《本草纲目》，此外对脉学及奇经八脉也有研究。著有《奇经八脉考》《濒湖脉学》等。

历史档案

李时珍的《本草纲目》历时27年完成。《本草纲目》共16部、52卷。全书收纳诸家本草所收药物1518种，在前人基础上增收药物374种，合1892种，其中植物1195种；共辑录古代药学家和民间单方11096则；书前附药物形态图1100余幅。《本草纲目》吸收了历代本草著作的精华，尽可能地纠正了以前的错误，补充了不足，并有很多重要发现和突破，是到16世纪为止中国最系统、最完整、最科学的一部医药学著作。《本草纲目》不仅为中国药物学的发展做出了巨大贡献，而且对世界医药学、植物学、动物学、矿物学、化学的发展也产生了深远的影响，被誉为“东方医药巨典”。

知识链接

李时珍对植物分类学有新的见解，他打破了自《神农本草经》以来，沿袭了一千多年的上、中、下三品分类法，把药物分为水、火、土、金石、草、谷、莱、果、木、器服、虫、鳞、介、禽、兽、人共16部，包括60类。每药标正名为纲，纲之下列目，纲目清晰。

32. “清学”开山始祖——顾炎武

历史名片

顾炎武，明末清初著名的思想家、史学家、语言学家。与黄宗羲、王夫之并称为明末清初三大儒。本名继坤，改名绛，字忠清；南明败后，因为仰慕文天祥学生王炎午的为人，改炎武，字宁人，号亭林，自署蒋山佣，学者尊称为亭林先生。

历史档案

顾炎武

顾炎武被称作是清朝“开国儒师”“清学开山始祖”，是著名经学家、史地学家、音韵学家。顾炎武为学以经世致用的鲜明旨趣，朴实归纳的考据方法，创辟路径的探索精神，以及他在众多学术领域的成就，宣告了晚明空疏学风的终结，开启了一代朴实学风的先路，给予清代学者以极为有益的影响。顾炎武还提倡“利国富民”，他大胆怀疑君权，并提出了具有早期民主启蒙思想色彩的“众治”主张。他所提出的“天下兴亡，匹夫有责”这一口号，意义和影响深远，成为激励中华民族奋进的精神力量。顾炎武学以博学于文，行己有耻为主，合学与行、治学与经世为一。著作繁多，以毕生心力所著为《日知录》，另有《音学五书》《亭林诗文集》等。

知识链接

“博学于文”“行己有耻”出自《论语》，顾炎武将二者结合起来，并赋予了时代的新内容，成了他的为学宗旨与处世之道。他所理解的“博学于文”是和“家国天下”之事相联系的，因而不仅仅限于文献知识，还包括广闻博见和考察审问得来的社会实际知识。“行己有耻”，即要用羞恶廉耻之心来约束自己的言行。顾炎武认为只有懂得羞恶廉耻而注重实学的人，才真正符合“圣人之道”。

33.清初博学智者——黄宗羲

历史名片

黄宗羲，字太冲，一字德冰，号南雷，别号梨洲老人、梨洲山人、蓝水渔人、鱼澄洞主、双瀑院长、古藏室史臣等，学者称梨洲先生。明末清初经学家、史学家、思想家、地理学家、天文历算学家、教育家。有“中国思想启蒙之父”之美誉。

历史档案

黄宗羲为学领域极广，成就宏富，于经史百家及天文、算术、乐律、释道无不涉猎，而史学造诣尤深。他身历明清更迭之际，认为“国可灭，史不可灭”。他论史注重史法，强调真实可信。在哲学上，认为气为本，无气则无理，理为气之理，但又认为“心即气”，“盈天地皆心也”。在政治上，他从“民本”的立场深刻批判封建君主专制，提出君为天下之大害，不如无君，主张废除君主“一家之法”，建立万民的“天下之法”。他还提出以学校为议政机构的设想。他精于历法、地理、数学以及版本目录之学，并将其运用于治史实践、辨析史事真伪、订正史籍得失，多有卓见，影响及于整个清代。

知识链接

黄宗羲父亲黄尊素，万历进士，天启中官御史，东林党人，因弹劾魏忠贤而被削职归籍，不久下狱，受酷刑而死。崇祯元年（1628年）魏忠贤、崔呈秀等已除，天启朝冤案获平反。黄宗羲上书请诛阉党余孽许显纯、崔应元等。刑部会审，黄宗羲出庭对证，出袖中锥刺许显纯，当众痛击崔应元，拔其须归祭父灵，人称“姚江黄孝子”，明思宗称其为“忠臣孤子”。

第四章
识闻文化谋略

中华民族拥有悠久、灿烂的历史文化，足以让华夏大地的每一位炎黄子孙感受到无比的骄傲和由衷的自豪。每个时代都会有一批在各个领域创作出惊世之作的伟人，他们所留下的一份份宝贵的文化遗产和精神财富，既没有时空界限，也没有地域之分，像星辰辉煌于当时，也像阳光灿烂于今日。

1.夏朝统治者的享乐工具

历史名片

八音，我国古代八种制造乐器的材料，通常为金、石、丝、竹、匏（páo）、土、革、木。金指以金属制造的乐器；石指以石或玉制成的乐器；丝指以蚕丝等物做琴弦的琴等乐器；竹指以竹子制成的箫等乐器；匏指用葫芦制作而成的笙等乐器；土以泥土烧制而成的埙、缶等；革指用兽皮为主要材料制成的鼓等乐器；木是用木板制成的板、柷等乐器。

历史档案

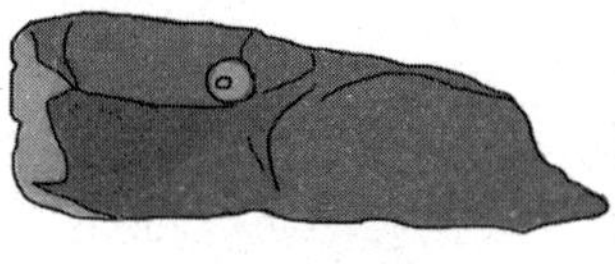
石磬

陶埙

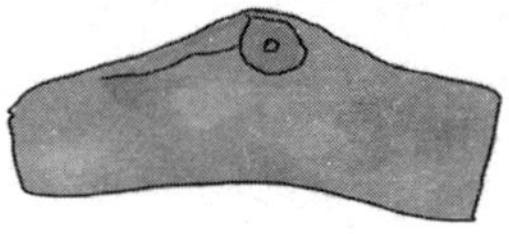
石罄

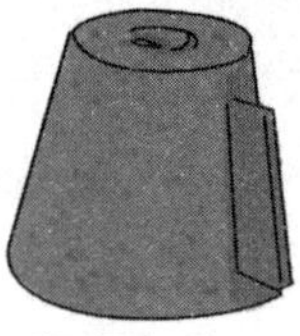
青铜小铃铛

夏朝的乐器主要是作为统治者的享乐工具，其中主要的乐器有大鼓、钟、磬、管箫等。由于当时乐器的逐渐完善，出现了乐器的具体分类，所谓“三载，四海遏密八音”。八音中，乐器种类最多的是皮革和竹制的吹管乐器，金属乐器也占相当的比重。可以看出当时的金属铸造业和乐律学的技术已经显示出淫乐文化的进步。

知识链接

《国语・周语下》中记载：“金石以动之，丝竹以行之，诗以道之，歌以咏之，匏以宣之，瓦以赞之，革木以节之”，此即为“八音克谐”。八音克谐所反映的多样统一的美学观点，在中国音乐史上有深远的意义。由于在中国早期社会中，诗、歌、舞是紧密联系不可分割的，故“八音克谐”不仅是对音乐整体协调性的要求，也是对全部文艺作品的整体调协性的要求。

2.商朝的天文历法

历史名片

天文历法，中国古历采用阴阳合历，即以太阳的运动周期作为年，以月亮圆缺周期作为月，以闰月来协调年和月的关系。古人根据太阳一年内的位置变化以及由此引起的地面气候的演变次序，把一年又分成24段，分列在十二个月中，以反映四季、气温、物候等情况。

历史档案

商代甲骨文中有多次日食、月食和新星的记录，这是世界上最早的天文学的宝贵资料。由于农业生产的需要，商代已经有了比较完备的历法。根据甲骨卜辞的记录可以看出，当时月有大小，大月30天，小月29天，一年为12月，因12个大小月加起来只有354或355天，所以采用闰月来调整一年的天数，使一年中的四季变化能在一定的时间内。这个闰月，在早期卜辞中是放在应当置闰那年最后的一个月即12月之后，所以叫“十三月”。这在历法上叫作“年终置闰”法。

商·记日食牛骨

商·刻干支表牛骨

知识链接

由于太阳运行周期不是月相变化周期的整倍数，置闰是历法中非常复杂、繁难的学问。我国从公元前2600多年黄帝时代开始记年，前2350年左右尧帝开始以置闰调整阴阳历，但直到祖冲之时代（公元462年）才有了精密的置闰方法。

3.中国历史上已知最早的都城

历史名片

殷墟，商代后期都城遗址，是中国历史上可以肯定确切位置的最早的都城。位于河南省安阳市区西北小屯村一带，距今已有3300多年历史。商后期叫北蒙，又称殷。周灭殷后，曾封纣之子武庚于此，后因武庚叛乱被杀，殷民迁走，逐渐沦为废墟，故称殷墟。

历史档案

殷墟是中国商代晚期的都城遗址，横跨安阳洹河南北两岸，现存有宫殿宗庙区、王陵区和众多族邑聚落遗址、家族墓地群、甲骨窑穴、制玉作坊等众多遗址，是中国历史上第一个有文献可考并为甲骨文和考古发掘所证实的古代都城遗址。2006年被正式列入《世界遗产名录》。殷墟作为我国目前已知最早、最完整的王陵墓葬群，开创了中国帝王陵寝制度的先河。它的发现确证了殷墟商代都城的历史地位，直接推动了中国奴隶制社会的研究。

知识链接

殷墟考古发掘出土的青铜器中，司母戊鼎是最大的。司母戊鼎又称后母戊鼎，全称为后母戊大方鼎，为商王祖庚或祖甲为祭祀其母戊所制，因鼎腹内壁上铸有“后母戊”得名。司母戊鼎是迄今世界上出土最大、最重的青铜礼器，享有“镇国之宝”的美誉。

4.奴隶制等级规范——礼乐制度

历史名片

礼乐制度，即奴隶制的等级名分制度，是西周时期在周王的主持下制定的，相传为周公所创建。礼乐制度和封建制度、宗法制度一起，构成整个中国古代的社会制度，对后世的政治、文化、艺术和思想影响巨大。

历史档案

礼乐制度分礼和乐两个部分。礼的部分主要对人的身份进行划分和社会规范，最终形成等级制度。乐的部分主要是基于礼的等级制度，运用音乐进行缓解社会矛盾。礼乐制度是政治等级制的具体规定，它体现了奴隶主贵族的阶级地位和等级特权，规定了君臣、父子、兄弟、夫妇、朋友之间的权利义务关系和上下尊卑关系。每个贵族从出生到死亡，从人事到祭祀，从日常生活到政治活动，都处在与其身份相适应的礼乐之中。礼乐制度是一种保守的力量，它的目的在于维护现存的等级制，不使之发生变动。

知识链接

在统治阶级内部所设定的等级具体表现为“天子八佾（yì），诸公六，诸侯四”。古代舞队的行列，八人为一行，叫一佾。按周礼，天子的舞队用八佾（即六十四人），诸公六佾，诸侯四佾，士二佾。这样，阶层不同从而使用舞队人数的不同，给人们灌输君权至上无人能与之相抗衡的等级秩序思想。

5.劳动人民头上的政治宝塔

历史名片

分封制，西周的地方行政制度，即分土封侯制的简称。所封诸侯都在王畿以外，各建邦国。封赏的依据：一为周王同姓（姬姓亲属），二为开国元勋和有功之臣，三为古帝王之后。

历史档案

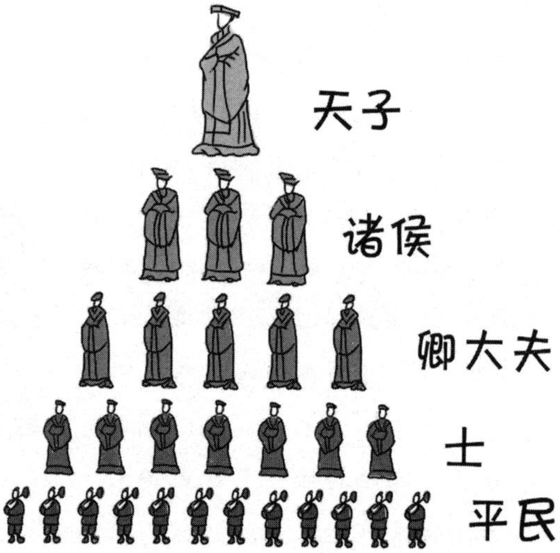

分封诸侯对天子有隶属关系，有镇守疆土、捍卫王室、缴纳贡税、朝觐述职的义务。诸侯在封国内是君主，初封时就是半独立状态，在封国内亦实行分封制。国内土地的一部分归诸侯直辖，一部分土地作为采邑分封给他的卿大夫，卿大夫又以同样情况分土地给士，士直接统治、剥削平民。封国内的层层分封制也是与宗法制度相结合的，就是嫡长子世袭制。这样就形成一座政治宝塔，重重地压在广大劳动人民头上。

知识链接

西周剥削式的基础，即土地所有权的分配，是天子拥有所有权，诸侯、卿大夫、士等各级贵族拥有占有权和使用权，平民只有耕作的义务。贵族们将田地分为两类：一类为贵族自留田，称“公田”，由所属奴隶集体无偿代耕，就是劳役地租；另一类大致以百亩为单位分给奴隶各家耕种，但收获归奴隶主所有。

6.西周政教合一的古典教育体系

历史名片

六艺教育，特点是学在官府、官师合一，老师既行教又兼营国家事务。它是在西周时建立起的政教合一的古典教育官学体系，形成当时先进的六艺教育。

历史档案

西周官学分为国学和乡学。国学专为贵族子弟设立，设在王城和诸侯国都。乡学则按地方行政区域分设，对象是地方普通贵族子弟及至仕退居乡里的绅士乡官子弟。西周国学教育内容是以礼、乐为中心，辅以射、御、书、数的六艺教育。礼教是有关政治、宗法、人伦、规范礼仪等知识的教育，在六艺教育中占有核心地位。乐教主要学习宗教祭祀乐舞知识，包括中、和、祗、庸、孝、友六方面，核心是张扬等级观念。射、御是一种综合性的教育，包括情操、内心志向和技艺的培养。当时射最受重视，射艺的高下常作为士子奖励、提升的标准。书、数是有关读、写、算的知识教育。

知识链接

“六艺教育”之中，礼、乐、书、数之教为文，射、御为武，所以六艺教育是典型的文武兼备的教育。从人的发展来说，六艺教育既重视人的品性的涵养，又重视身体的训练和音乐的熏陶。所以六艺教育是一种非偏向的课程设置模式。

7.战国的外交策略——合纵连横

历史名片

合纵连横，战国中期产生的一种外交策略，简称纵横。合纵就是南北纵列的国家联合起来，共同对付强国，阻止齐、秦两国兼并弱国；连横就是秦或齐拉拢一些国家，共同进攻另外一些国家。

历史档案

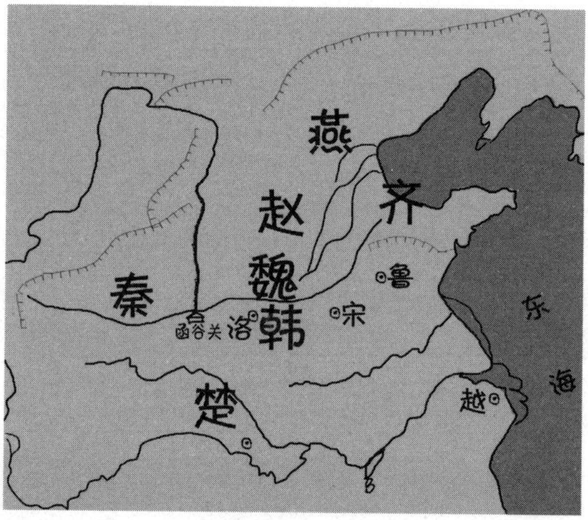

战国中期，诸侯先后称王，除宋和中山两国外，都是万乘的大国。这些大国原本是西周王室的诸侯，有的甚至是诸侯国中的卿大夫。它们发展成为大国，是在不断吞并周围小国的基础上发展起来的。由于小国的消失，大国间的斗争，已不是争夺小国的领导权，而是关系到大国本身的存亡。较强大的国家力图削弱并逐步吞并较弱的国家，较弱一些的国家为自身的生存，就互相联合起来抵抗强大的国家入侵。合纵连横的斗争适应了战国形势发展的需要。合纵的目的在于联合许多弱国抵抗一个强国，以防止强国的兼并。连横的目的在于侍奉一个强国以为靠山从而进攻另外一些弱国，以达到兼并和扩展土地的目的。

知识链接

合纵连横是战国时期纵横家所宣扬并推行的外交和军事政策，当时最著名的纵横家是苏秦、张仪和公孙衍。他们朝秦暮楚，事无定主，反复无常，设计划谋多从主观的政治要求出发。合纵派的主要代表是苏秦，连横派的主要代表是张仪。

8.战国时期的“师夷长技以制夷”

历史名片

胡服骑射，赵武灵王赵雍推行的军服改革，改变了中国军队中宽袖的最初正规军装，以后逐渐演变改进为后来的盔甲装备。赵国所用的“胡服”，因为衣短袖窄，类似于西北戎狄之服，所以被俗称“胡服”。

历史档案

战国时，今河套地区属赵国云中郡九原县地。杰出的社会改革家赵武灵王，曾一度君临北至阴山西达高阙塞的西北边疆地区。他为了抵御北方胡人的侵略，实行了“胡服骑射”的军事改革。改革的中心内容是穿胡人的服装，学习胡人骑马射箭的作战方法。其服上褶下绔，有貂、蝉为饰的武冠，金钩为饰的具带，足上穿靴，便是骑射。为此，他力排众议，带头穿胡服，习骑马，练射箭，亲自训练士兵，使赵国军事力量日益强大，而能西退胡人，北灭中山国，成为“战国七雄”之一。

知识链接

“胡服骑射”虽然是一场军服改革，但却使人们的心理和思维方式发生了明显的变化，打击了“先王之道不可变”的保守思想。胡服骑射还减弱了华夏民族鄙视胡人的心理，增强了胡人对华夏民族的归依心理，奠定了中原华夏民族与北方游牧民族服饰融合的基础，进而推进了民族融合。

9.五经之首，大道之源——《周易》

历史名片

《周易》，建立在“阴阳一元”论基础上对事物运行规律加以论证和描述的书籍，其对于天地万物进行性状归类，天干地支五行论，甚至精确到可以对事物的未来发展做出较为准确的预测。《周易》被誉为“群经之首，大道之源”。

历史档案

《周易》一书起源于甲骨卜的实践，大概到了殷商末年，周文王写下了六十四卦系的卦辞。后来在春秋时期，孔子的弟子继承了孔子对《周易》的发现，著了《易传》。秦始皇焚书坑儒的时候，李斯将其列为医术占卜书而幸免于难。《周易》是古人用来预测未来、决策国家大事、反映当前现象，上测天，下测地，中测人事的书籍。易道讲究阴阳互应、刚柔相济，提倡自强不息、厚德载物。其实《周易》占测只属其中的一大功能，它还囊括了天文、地理、军事、科学、文学、农学等丰富的知识内容。只要能读懂《周易》，无论是哪一行从业者都能在其中汲取智慧的力量。

知识链接

所谓“六十四卦”，是由“八卦”两两相重而得，“八卦”则是由“阴”“阳”二爻三叠而成。《周易》的“阴”“阳”，分别呈中断的与相连的线条形状。古人用阴阳范畴来表现寒暑、日月、男女、昼夜、奇偶等众多概念，正所谓“一阴一阳之谓道”。

10.现存最早的编年体史书——《春秋》

历史名片

《春秋》，又称《麟经》《麟史》，中国现存最早的一部编年体史书，古代中国的儒家典籍，被列为“五经”之一。《春秋》书中用于记事的语言极为简练，但几乎每个句子都暗含褒贬之意，被后人称为“春秋笔法”。

历史档案

《春秋》是孔子依据鲁国史官所编《春秋》加以整理修订而成。《春秋》记录了从鲁隐公元年（前722年）到鲁襄公十四年（前481年）共242年的大事。由于它所记历史事实的起止年代，大体上与一个客观的历史发展时期相当，所以历代史学家便把《春秋》这个书名作为这个历史时期的名称。为了叙事方便，春秋时期开始于周平王东迁东周开始的一年（周平王元年，公元前770年），止于周敬王四十四年（公元前476年）战国前夕，总共295年。由于《春秋》的记事过于简略，因而后来出现了很多对《春秋》所记载的历史进行详细记录的“传”，较为有名的是被称为“春秋三传”的《左传》《公羊传》和《谷梁传》。

知识链接

左丘明《左传》是中国古代一部编年体的历史著作。《左传》主要记录了周王室的衰微、诸侯争霸的历史，对各类礼仪规范、典章制度、社会风俗、民族关系、道德观念、天文地理、历法时令、古代文献、神话传说、歌谣言语均有记述和评论。

11.中国第一部诗歌总集——《诗经》

历史名片

《诗经》，中国第一部诗歌总集，共收入自西周初年至春秋中叶大约五百多年的诗歌305篇。关于《诗经》中诗的分类，有“四始六义”之说。“四始”指《风》《大雅》《小雅》《颂》的四篇列首位的诗。“六义”则指“风、雅、颂，赋、比、兴”。

历史档案

《诗经》共分风、雅、颂三大部分，它们都得名于音乐。“风”又叫“国风”，意义就是声调，是各地的歌谣。“风”包括周南、召南、邶、鄘、卫、王、郑、齐、魏、唐、秦、陈、桧、曹、豳15国风，大部分是黄河流域的民歌，小部分是贵族加工的作品，共160篇。“雅”是正的意思，周代人把正声叫作雅乐，包括小雅和大雅，共105篇。大雅、小雅可能是根据年代先后而分。“雅”基本上是贵族的作品，只有小雅的一部分来自民间。“颂”是用于宗庙祭的乐歌，包括周颂、鲁颂和商颂，共40篇。《诗经》多以四言为主，兼有杂言。“赋、比、兴”是《诗经》的表现手法。

知识链接

《诗经》中最早的作品大约成于西周初期，根据《尚书》所说，《豳风·鸱鸮》为周公旦所作；最晚的作品成于春秋时期中叶，据郑玄《诗谱序》，是《陈风·株林》。“胡为乎株林？从夏南！匪适株林，从夏南！驾我乘马，说于株野。乘我乘驹，朝食于株！”

12.最早的中医药学著作——《黄帝内经》

历史名片

《黄帝内经》，中国最早的医学典籍，传统医学四大经典著作之一（其余经典著作为《难经》《伤寒杂病论》《神农本草经》）。《黄帝内经》是对中国影响最大的一部医学著作，被称为“医之始祖”。

历史档案

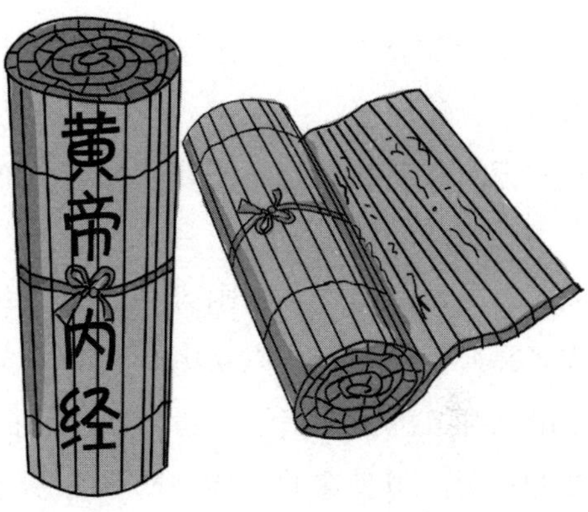

《黄帝内经》成书于战国时期，分《灵枢》和《素问》两部分。其收载的成方13首中，就有10种中成药，并有丸、散、酒、丹等剂型。《黄帝内经》是唯一一本以圣王之名命名的书。该书总结了春秋以及春秋之前时期的医疗经验和学术理论，并吸收了春秋以前有关天文学、历算学、生物学、地理学、人类学、心理学，运用阴阳、五行、天人合一的理论，对人体的解剖、生理、病理以及疾病的诊断、治疗与预防，做了比较全面的阐述，确立了中医学独特的理论体系。《黄帝内经》在理论上建立了中医学上的“阴阳五行学说”“藏象学说”“病因学说”“养生学说”“药物治疗学说”“经络治疗学说”等学说，呈现了自然—生物—心理—社会的“整体医学模式”。

知识链接

《素问》重点论述脏腑、经络、病因、病机、病证、诊法、治疗原则以及针灸等内容。《灵枢》是《素问》不可分割的姊妹篇，内容与之大体相同。除了论述脏腑功能、病因、病机之外，还重点阐述了经络腧穴，针具、刺法及治疗原则等。

13.镌刻在龟甲、兽骨上的文字

历史名片

甲骨文，又称契文、甲骨卜辞、龟甲文或龟甲兽骨文，被认为是现代汉字的早期形式，有时候也被认为是汉字的书体之一，是现存中国最古老的一种成熟文字。现代汉字即由甲骨文演变而来。

历史档案

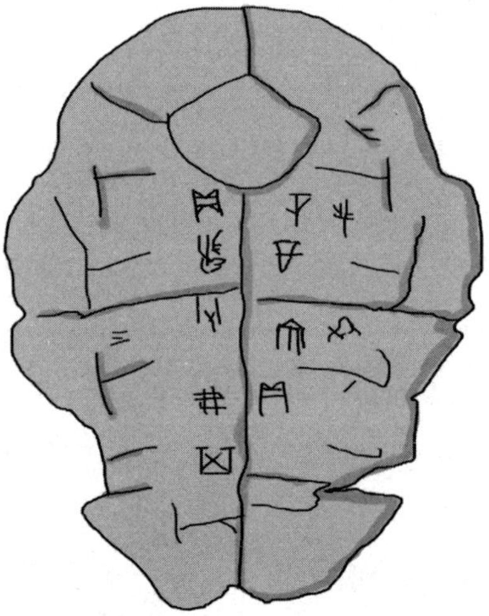

绝大部分甲骨文发现于殷墟，其中既有大量指事字、象形字、会意字，也有很多形声字。甲骨文记录和反映了商朝的政治和经济情况，主要指中国商朝后期王室用于占卜吉凶记事而在龟甲或兽骨上契刻的文字，内容一般是占卜所问之事或者是所得结果。所以从甲骨文的内容可以粗略了解商朝人的生活情形，也可以得知商朝历史发展的状况。甲骨文的形体结构已有独立体趋向合体，而且出现了大量的形声字，是中国已知最早的成体系的文字形式。甲骨文上承原始刻绘符号，下启青铜铭文，是汉字发展的关键形态，被称为“最早的汉字”。

知识链接

甲骨文占卜的方法是将处理后的龟甲或兽骨，在背面加以钻洞到即将穿透又尚未穿透的程度，再用火烘灼，龟甲的正面就会在钻洞的四周出现裂纹，这些纹路称为“兆”。负责观察纹路的人，即负责占卜的人，称“卜官”，在判断吉凶之后，才将卜问的内容书写、刻画在甲骨上。

14.铸刻在青铜器上的钟鼎文

历史名片

金文，铸刻在青铜器的钟或鼎上的文字，也叫钟鼎文。商周是青铜器的时代，青铜器的礼器以鼎为代表，乐器以钟为代表，“钟鼎”是青铜器的代名词。周以前把铜也叫金，所以铜器上的铭文就叫作“金文”或“吉金文字”。

历史档案

金文多为记事或表彰功德的内容。这种铭文，有的是凹下的阴文，有的是凸出的阳文。前者称为“款”，是“刻”的意思；后者称为“识”，是“记”的意思。所以金文也可统称为“钟鼎款识”。以后书法“款识”或“款式”的名称即由此演化而来。金文的内容是关于当时祀典、赐命、诏书、征战、围猎、盟约等活动或事件的记录，反映了当时的社会生活。金文字体整齐遒丽，古朴厚重，和甲骨文相比，脱去板滞，变化多样。金文基本上属于籀（zhòu）篆体。金文，在笔法、结字、章法上都为书法的进一步发展做出了重要贡献。

知识链接

金文的书体，一般称为大篆、籀书或古籀。籀是周宣王时的史官，籀书即为他所写的字书。青铜器铭文是按照墨书的原本先刻出铭文模型的陶范，再翻范铸造出来的。因商周时期已有很精湛的青铜铸造技术，所以翻铸的金文一般都能够在相当程度上体现出墨书的笔意。因此，商周的金文实际上是一种墨书的书法艺术。

15.数学界的大发现“勾三股四弦五”

历史名片

勾股定理，一个基本的几何定理，被称为“几何学的基石”。中国古代数学著作《周髀算经》记载了勾股定理的公式与证明，相传是在商代由商高发现，故又称为“商高定理”。

历史档案

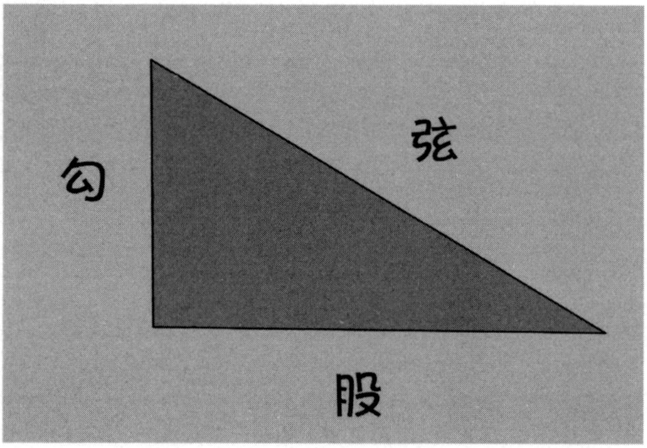

《周髀算经》中记录着商高同周公的一段对话。商高说：“故折矩，以为勾广三，股修四，径隅五。既方之，外半其一矩，环而共盘，得成三四五。两矩共长二十有五，是谓积矩。”在中国古代，人们把弯曲成直角的手臂的上半部分称为“勾”，下半部分称为“股”。商高那段话的意思就是说：当直角三角形的两条直角分别为3（短边）和4（长边）时，径隅（即弦）则为5。以后人们就简单地把这个事实说成“勾三股四弦五”。

知识链接

希腊的著名数学家毕达哥拉斯发现了勾股定理，因此世界上许多国家都称勾股定理为“毕达哥拉斯”定理。为了庆祝这一定理的发现，毕达哥拉斯学派杀了一百头牛酬谢供奉神灵，因此这个定理又被叫作“百牛定理”。

16.中国最早的金属货币——铸币

历史名片

铸币，具有一定形状、成色、重量和面值的金属货币。为适应交换发展的需要，将金块、银块等按照货币计算名称所规定的金银重量，铸造成具有一定成色、花纹和形状的金片和银片，就形成了铸币。中国最早的货币出现于春秋晚期，到了战国时期货币的流通量不断增大。

历史档案

战国时期的货币主要有两类，一类是铜币，另一类是金币。铜币从造型上分有四种：形状像刀的叫刀币，流通于齐、燕等国；形状像铲的叫布币，流通于韩、赵、魏等国；圆形圆孔或方孔的叫圜钱，流通于秦国等地；形状像贝壳的叫铜贝，也叫蚁鼻钱，流通于楚国。楚国还铸有金币叫“郢爰”，爰是在扁平的金板上打出一块块的金印，金印文字为“郢爰”，使用时从大板上切下，依重量定其价值。后来还发现有“陈爰”。因为金板上的印记大部分为“郢爰”，故称“郢爰金板”或“郢爰金饼”。这些印记就像印章，后也有人叫它“印子金”。

知识链接

郢爰是中国最早的原始黄金铸币。当时黄金的流通仅限于上层社会，且只在国际礼聘、游说诸侯、国王赠赏、大宗交易时才使用。东汉之前，盛行黄金货币，在交易中发挥了极大作用。东汉之后，由于白银产量增多，并逐渐成为一种重要的支付手段，形式为银饼或银锭，直至清末银元产生。因此，郢爰金币在古代货币中，有极为重要的历史文化价值。

17.现代指南针的始祖——司南

历史名片

司南，中国古代辨别方向用的一种仪器。用天然磁铁矿石琢成一个勺形的东西，放在一个光滑的盘上，盘上刻着方位，利用磁铁指南的作用，可以辨别方向，是现在指南针的始祖。

历史档案

司南是我国春秋战国时期发明的一种最早的指示南北方向的指南器，还不是指南针。早在两千年前汉代（公元前206至公元220年），中国人就发现山上的一种石头具有吸铁的神奇特性，并发现一种长条形的石头能指南北，他们管这种石头叫作磁石。古代的能工巧匠把磁石打磨雕凿成一个勺形，放在青铜制成的光滑如镜的底盘上，再铸上方向性的刻纹。这个磁勺在底盘上停止转动时，勺柄指的方向就是正南，勺口指的方向就是正北。这就是我们祖先发明的世界上最早的指示方向的仪器，叫作司南。

知识链接

至宋代，人们掌握了制造人工磁体的技术，制造了指南鱼。指南鱼是把薄钢片剪成鱼形，长二寸，宽五分，鱼的肚皮部分凹下去，使鱼像船一样能浮在水面上。然后加热并沿子午线方向淬火使之被地磁场磁化。这种人工传磁方法制成的指南鱼比使用司南更方便，只要有一碗水，把指南鱼放在水面上就能辨别方向了。

18.大秦王朝的“三公九卿制”

历史名片

三公九卿制，秦朝中央集权制的一种表现形式。秦始皇设立三公九卿制度，为建立专制主义中央集权的封建国家制度开创了新局面，对以后历代政治制度有深远的影响。

历史档案

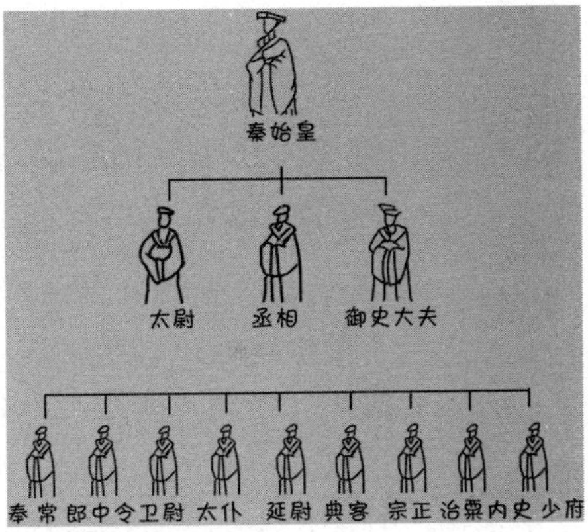

三公是丞相、太尉、御史大夫。丞相辅佐皇帝处理全国政务。太尉协助皇帝掌管全国军队。但统一后太尉形同虚设，以便皇帝直接控制军队。御史大夫掌图籍章奏，监察百官，辅佐丞相处理事务。三公之间相互制约，便于皇帝集权于一身。在三公之下设有九卿：奉常，掌管宗庙礼仪；郎中令，掌管宫廷警卫；卫尉，掌管皇宫保卫；太仆，管理宫廷车马；廷尉，负责司法；典客，处理少数民族事务及外交；宗正，管理皇族内部事务；治粟内史，掌全国财政税收；少府，掌管全国山河湖海税收和手工业制造，以供皇室需要。

知识链接

三公九卿制度的基本结构从秦朝一直沿用到两晋，直至隋文帝创三省六部制。从三省六部制的结构上来看，也无处不有着三公九卿制结构的影子。此后，明太祖朱元璋废掉中书省、尚书省及门下省，六部直接对皇帝负责，中国古代历史中的中央官制三级制度才算寿终正寝。

19.史家之绝唱，无韵之离骚

历史名片

《史记》，西汉著名史学家司马迁撰写的一部纪传体史书，是中国历史上第一部纪传体通史，被列为“二十四史”之首，记载了上自上古传说中的黄帝时代，下至汉武帝元狩元年间共3000多年的历史。《史记》与后来的《汉书》《后汉书》《三国志》合称“前四史”。

历史档案

《史记》全书包括十二本纪（记历代帝王政绩）、三十世家（记诸侯国和汉代诸侯、勋贵兴亡）、七十列传（记重要人物的言行事迹，主要叙人臣，其中最后一篇为自序）、十表（大事年表）、八书（记各种典章制度记礼、乐、音律、历法、天文、封禅、水利、财用），共一百三十篇，五十二万六千五百余字。《史记》是中国第一部纪传体通史，它把几千年间零碎散乱的历史资料加以整理，“通古今之变，成一家之言”，翔实地记录了上古时期举凡政治、经济、军事、文化等各个方面的发展状况。《史记》还被认为是一部优秀的文学著作，被鲁迅誉为“史家之绝唱，无韵之离骚”。

知识链接

天汉二年（公元前99年），李陵出击匈奴，兵败投降，汉武帝大怒。司马迁为李陵辩护，获罪被捕，被判宫刑。为了完成父亲遗愿，完成《史记》，司马迁忍辱受刑。太始元年（公元前96年）获赦出狱，做了中书令。司马迁发愤著书，全力写作《史记》，大约在55岁那年终于完成了全书的撰写和修改工作，前后历时13年之久。

20.中国历法史上的第一次大改革

历史名片

《太初历》，中国第一部比较完整的历法，也是当时世界上最先进的历法。西汉元封六年（公元前105年），经司马迁等人提议，汉武帝下令改定历法。元封七年历成，是年五月改年号为太初，并颁布实施这套《汉历》，后人以颁布年号称此历为《太初历》。

历史档案

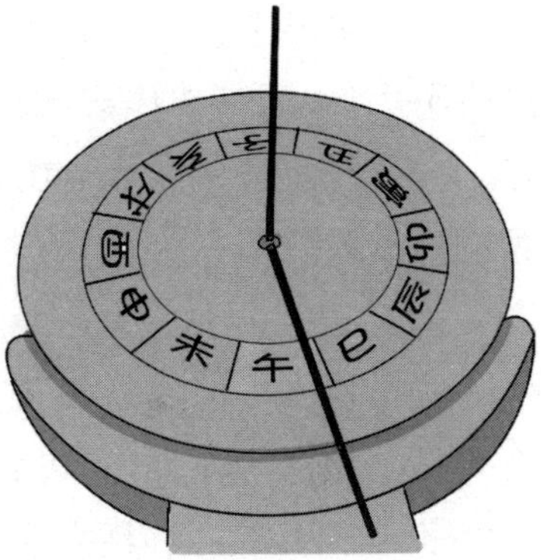

太初元年（前104年），天文学家落下闳、邓平等人制订了《太初历》。《太初历》规定1年等于365.2502日，1个月等于29.53086日；将原来以十月为岁首改为以正月为岁首；以无中气（二十四节气中位于偶数者，即冬至、大寒、惊蛰、春分、清明、小满、夏至、大暑、处暑、秋分、霜降和小雪）的月份为闰月，调整了太阳周天与阴历纪月不相合的矛盾。这是我国历法上一个划时代的进步。《太初历》还根据天象实测和多年来史官的记录，得出135个月的日食周期。《太初历》把二十四节气第一次收入历法，对农业生产起了重要的指导作用。《太初历》从汉武帝太初元年（前104）到东汉章帝元和二年（85年）共实行188年。

知识链接

《太初历》的原著早已失传，西汉末年，刘歆基本上采用了太初历的数据，据太初历改为《三统历》，一直流传至今。太初历以改元而得名，而三统历是以法数而得名。《三统历谱》以统和纪为基本，统是推算日月的躔（chán）离，纪是推算五星的见伏。

21.此前古未有之书，许君之所独创

历史名片

《说文解字》，简称《说文》，作者是东汉的经学家、文字学家许慎。《说文解字》成书于汉和帝永元十二年（公元100年）至汉安帝建光元年（公元121年），是中国第一部按部首编排的字典，是世界上最早的字典之一。

历史档案

《说文解字》共有15卷，其中包括序目1卷。字典内设有540个部首，将9353字分别归入540部。540部又据形系联归并为14大类。字典正文就按这14大类分为14篇。它的体例是先列出小篆，如果古文和籀文不同，则在后面列出。然后解释这个字的本义，再解释字形与字义或字音之间的关系。其中的部首排列是按照形体相似或者意义相近的原则排列的。《说文解字》改变了周、秦到汉字书的编纂方法，将所收字编成四言、七言韵语的形式，开创了部首编排法的先河，对古文字、古文献和古史的研究多做出了重要贡献，后世的字典大多采用这种方式。

知识链接

关于《说文解字》的书名，许慎这样解释：仓颉开始造文字时，大概是按照万物的形状临摹，所以这种图画似的符号叫作“文”，这以后，那形与形、形与声结合的符号便叫“字”。“文”是描绘事物本来的形状，“字”是说滋生，繁衍。

22.曹魏时期实行的屯田制

历史名片

屯田制，是指利用士兵和农民垦种荒地，以取得军队供养和税粮，有军屯和民屯之分。屯田制是以屯田为目的而建立的一种制度，由曹操建立。

历史档案

建安元年（196年），曹操在许昌推行民屯成功之后，第二年便下令把民屯制度推广到其他地区。在曹魏中央管理民屯的最高机构是大司农，郡一级设置典农中郎将或典农校尉，县一级则有屯田都尉，直接指挥民屯生产的是屯司马，每屯生产者大约为50人。由于屯田农民不属州郡，而属典农管辖，所以他们被称为“典农部民”或“屯田客”。曹魏政府规定，屯田客凡用官牛者将收获物的六成缴国家，不用官牛的缴五成。军屯中的生产者，主要是士兵和他们的家属。军屯的基本单位是营，每营60人。军屯上缴的实物地租剥削大概和民屯相同。当时在曹魏境内有军队驻扎和士兵家属聚集的地区，一般都有军屯的设置。

知识链接

曹魏后期，屯田剥削量日益加重，分配比例竟达官8民2的程度，引起了屯田民的逃亡和反抗。屯田土地又不断被豪族所侵占，于是屯田制被逐渐破坏。屯田制对统治者来说已经无利可图，于是司马炎于魏咸熙元年（265年）宣布废止。

23.少数民族统治者的民族分治

历史名片

胡汉分治，中国古代十六国时期少数民族统治者实行的民族分治政策。这种政策加剧了当时的民族矛盾。所谓胡人即泛指北方诸少数民族。

历史档案

西晋末年，匈奴贵族刘渊建立汉国，设单于左辅、右辅，专门治理胡人。其子刘聪继位后，进一步健全胡汉分治制度，以子刘粲为大单于，设左右辅，各管六夷10万落，每万落置一都尉；另设左右司隶，专治理汉人，各管20余万户，每万户置一内史，共43内史。其实质是依靠和利用匈奴及其他胡人贵族压迫汉人。羯族首领石勒建立后赵，也设内史专治理汉人，另置大单于镇抚百蛮。后赵抬高羯族地位，称为“国人”。严禁称“胡”，凡胡物都改名。虽然石勒严禁胡人欺凌汉族官僚地主，但实际并无收效，有时汉族高官也不能幸免。

知识链接

胡，并非对少数民族的蔑称，只是一种称谓。具体说，是对居住在北方和西方的少数民族的一种泛称。胡人的概念是基于中原的视角提出的，其中并没有掺杂感情色彩。西汉时，匈奴单于狐鹿姑曾经给汉室皇帝致书“南有大汉，北有强胡。胡者，天之骄子也”（《汉书》）。也就是说，“胡”在匈奴人眼里是天之骄子的意思，和中原的天子意思相近。

24.拥有特权的“门阀士族”

历史名片

门阀士族，中国东汉后期至南朝末年在社会上有特殊地位的官僚士大夫结成的政治集团。它萌生于后汉，形成于魏晋，衰弱于南北朝。

历史档案

曹丕为代汉做准备而推行的九品中正制，后来逐渐成为世家官僚垄断选举的工具。门阀士族拥有特权并与庶族保持着严格界限。政治上，他们累世做职闲望重的高官；经济上，按官品占有大量土地和劳动人口，并且不向国家纳租服役；社会地位高人一等，不与无特权的庶族（又称寒门）联婚和同乘共坐。为了保护自己的特权，他们特别注意门第。他们垄断政治，排斥庶族寒门。门阀士族正是说明了封建社会等级森严，许多德才兼备的庶族在当时只能被埋没。

知识链接

九品中正制就是选择“贤有识鉴”的中央官吏兼任原籍地的州、郡、县的大小中正官，负责察访本州、郡、县散处在各地的士人，综合德才、门第定出“品”和“状”，供选官参考。“品”就是综合士人德才、门第所评定的等级，共分为上上、上中、上下、中上、中中、中下、下上、下中、下下九品，但类别却只有上品、中品和下品（二品至三品为上品；一品为虚设，无人能达到；四品至五品为中品；六至九品为下品）三类。

25.“天地万物以无为本”——玄学

历史名片

玄学，又称新道家，是对《老子》、《庄子》和《周易》的研究和解说，产生于魏晋，是魏晋时期的主要哲学思潮，是道家和儒家融合而出现的一种哲学、文化思潮。玄学即“玄远之学”，它以“祖述老庄”立论，把《老子》、《庄子》、《周易》称作“三玄”。

历史档案

玄学最早的代表人物是曹魏时期的何晏和王弼。他们认为虚无的“道”或“无”是产生万物的宗主，他们说“天地万物以无为本”。他们把这种理论应用到政治上，认为人君应该拱默无为，委政臣下。但他们又不敢正面反抗，于是谈说玄虚，政治上不明确表示是非，却用猛烈抨击名教和蔑视礼法的行为，对司马氏假奉名教表示抗议。玄学就是在这样的政治环境下应运而生的。“玄”这一概念，最早见于《老子》：“玄之又玄，众妙之门。”王弼《老子指略》说：“玄，谓之深者也。”玄学即研究幽深玄远问题的学说。

知识链接

玄学就其哲学范畴来讲，可称其为形而上学，“形而上”简单来说就是抽象出来的意思，玄学也便是对一些抽象内容以生动的方式方法进行解说和发展。

26.古代农业百科全书——《齐民要术》

历史名片

《齐民要术》，北魏末年中国杰出农学家贾思勰（xié）所著的一部综合性农学著作，是世界农学史上最早的专著之一，中国现存最早的一部完整的农书。《齐民要术》被誉为“中国古代农业百科全书”。

历史档案

《齐民要术》，“齐民”指平民，“要术”指谋生方法。《齐民要术》全书10卷，共92篇，集周秦至北魏农业生产知识之大成。全书内容丰富，包括土壤整治、肥料施用、精耕细作、防旱保墒、选种育种、粮食和蔬菜栽培、果树的栽培和嫁接、畜禽的饲养和医治、食品的加工和储藏以及野生植物的利用等，反映了当时中国北方的农业生产技术水平。《齐民要术》中许多技术直到现在还在应用，说明在当时已经有部分生产力达到了先进水平。

知识链接

《齐民要术》虽属农书，但内容“起自耕农，终于醋酸”。也就是说，农耕是手段，最终把农产品制造成食品才是目的。其饮食烹任包括造曲、酿酒、制盐、做酱、造醋、做豆豉、做齑（jī）、做脯腊、做乳酪、做菜肴和点心等。列举的食品、菜点品种达三百种。在汉魏南北朝时期，《齐民要术》中的这些食品、菜点资料十分珍贵。

27.古代中国地理名著——《水经注》

历史名片

《水经注》，古代中国地理名著，共四十卷，因注《水经》而得名，是一部以记载河道水系为主的综合性地理著作。作者是北魏晚期的郦道元，他以前人的资料为纲，通过搜集丰富的文献和一些实地调查，最终完成这部著作。

历史档案

《水经注》看似为《水经》之注，实则以《水经》为纲，全面而系统地介绍了水道所流经地区的自然地理和经济地理等诸方面内容，是一部历史、地理、文学价值都很高的综合性地理著作。《水经注》入选中国世界纪录协会中国第一部水文地理专著，是中国古代水文地理的又一项中国之最。《水经注》全书30多万字，详细介绍了我国境内一千多条河流以及与这些河流相关的郡县、城市、物产、风俗、传说、历史等。《水经注》还记录了不少碑刻墨迹和渔歌民谣，文笔雄健俊美，既是古代地理名著，又是山水文学的优秀作品，是一部具有文学价值的地理著作。

知识链接

郦道元，字善长，北朝北魏地理学家、散文家。仕途坎坷，终未能尽其才。曾任御史中尉，北中郎将等职，还做过冀州长史、鲁阳郡太守、东荆州刺史、河南尹等职务。执法严峻，后被北魏朝廷任命为关右大使。北魏孝昌三年（527年），被萧宝夤（yín）部将在阴盘驿所杀。

28.“上承汉隶，下启唐楷”的魏碑

历史名片

魏碑，南北朝时期北朝的碑刻书法作品，大体可分为碑刻、墓志、造像题记和摩崖刻石四种。魏碑上承汉隶传统，下启唐楷新风，为现代汉字的结体、笔法奠定了坚实的基础。极有名的如《郑文公碑》《张猛龙碑》《高贞碑》《元怀墓志》及《张玄墓志》等。

历史档案

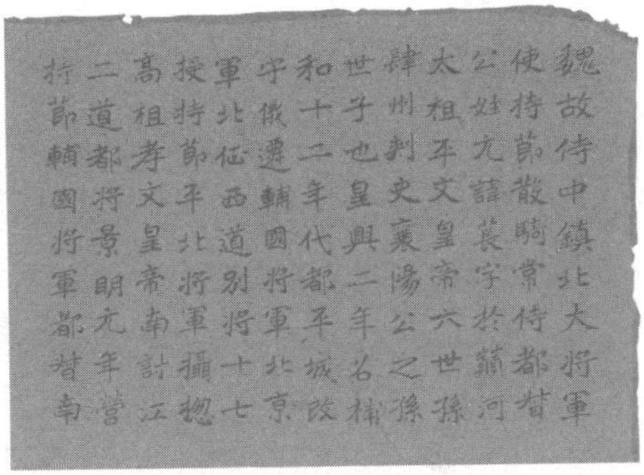

魏晋南北朝时期，社会动荡不安，适应社会意识需要的佛、道之学勃然兴盛。佛、道的宣传方法是以写经为一大功德。尤其佛学，凡新建寺塔、塑造佛像，必聘文学之士，撰写文章以纪其事。或凿石以作碑碣，或就天然岩壁摩崖刻写，一时间，从汉代风行的立碑时尚，转向佛学的建寺造塔、立碑刻石。魏碑应运而生。现存的魏碑书体都是楷书，因此也把这些楷书碑刻称为“魏楷”。魏碑原本也称北碑，在北朝相继的各个王朝中以北魏的立国时间最长，后来就用“魏碑”来指称包括东魏、西魏、北齐和北周在内的整个北朝的碑刻书法作品。

知识链接

现存魏碑作品的数量巨大，仅仅发现于龙门石窟的造像记就有数千方。“龙门二十品”是在龙门石窟中发现的北魏时期二十方造像记，这些作品被认为是魏碑书法的代表作。其中《比丘慧成为亡父始平公造像题记》《魏灵藏薛法绍造像题记》《孙秋生刘起祖二百人等造像题记》和《杨大眼为孝文皇帝造像题记》也合称“龙门四品”。

29.隋朝开始的科举选拔制度

历史名片

科举，通过考试选拔官吏。因采用分科取士的办法，故称科举。科举制从隋朝大业元年（605年）开始实行，至清朝光绪三十一年（1905年）举行最后一科进士考试为止，历经1300年。

历史档案

隋朝统一全国后，为适应封建经济和政治关系的发展变化，扩大封建统治阶级参与政权的要求，加强中央集权，于是把选拔官吏的权力收归中央，用科举制代替九品中正制。隋炀帝大业三年（607年）开设进士科，用考试办法来选取进士。当时主要考时务策，就是有关当时国家政治生活方面的政治论文，叫试策。这种分科取士，以试策取士的办法，在当时虽是草创时期，并不形成制度，但把读书、应考和做官三者紧密结合起来，揭开了中国选举史上新的篇章。总之，科举制利于选拔人才，增强政治效率，对封建专制中央集权的巩固有很大的作用。

科举图解

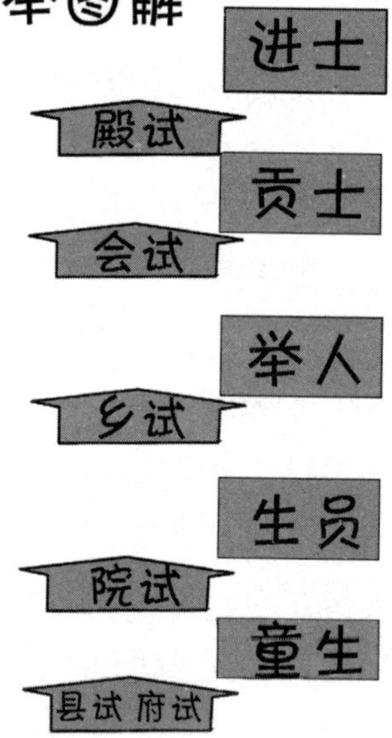

知识链接

殿试是科举制度最高级别的考试，又称御试、廷试、亲试。录取分三甲。一甲三名，赐“进士及第”的称号，第一名称状元（鼎元），第二名称榜眼，第三名称探花，合称“三甲鼎”；二甲若干名，赐“进士出身”的称号；三甲若干名，赐“同进士出身”称号。

30.中国最大的一尊摩崖石刻造像

历史名片

乐山大佛，也称凌云大佛，位于四川省乐山市南岷江东岸凌云寺侧，濒大渡河、青衣江和岷江三江汇流处。大佛为弥勒佛坐像，通高71米，是中国最大的一尊摩崖石刻造像。有“山是一尊佛，佛是一座山”之称，是世界上最大的石刻大佛。

历史档案

乐山大佛开凿于唐代开元元年（713年），完成于贞元十九年（803年），是海通和尚为减杀水势，普度众生而发起修造的，历时约90年。大佛两侧断崖和登山道上，有许多石龛造像，多是盛唐作品。大佛双手抚膝，造型庄严，排水设施隐而不见，设计巧妙。乐山大佛坐立的姿势是双脚自然下垂，这与印度佛像的“结跏趺式”不一样，这是因为大佛是修来镇水的，这种平稳、安定的坐式可以带给行船的人战胜激流险滩的勇气和决心。

知识链接

1962年，三年自然灾害，乐山大佛闭过一次眼。当时，四川饿死的人不计其数。当地人穷，人死了就拿草席一卷扔进江中。而大佛坐落在三江下游，每天都有成群饿死的尸体顺流而下漂过大佛。大佛便在一夜间突然闭眼。当地人传说是大佛不忍看到惨景才闭眼的。经科学人员调查，都没有得到答案。之后，因佛像闭眼是不祥，大佛眼睛又重新修凿。

31.中国传世名画唐代《步辇图》

历史名片

《步辇图》，作者阎立本，是以贞观十五年（641年）吐蕃首领松赞干布与文成公主联姻的历史事件为题材，描绘唐太宗接见来迎娶文成公主的吐蕃使臣禄东赞的情景。《步辇图》设色典雅绚丽，线条流畅圆劲，构图错落富有变化，为唐代绘画的代表性作品。

历史档案

《步辇图》卷右半是在宫女簇拥下坐在步辇中的唐太宗，左侧三人前为典礼官，中为禄东赞，后为通译者。画中唐太宗面目俊朗，目光深邃，神情庄重，充分展露出盛唐一代明君的风范与威仪。为更好地突出太宗的至尊风度，作者巧妙地运用对比手法进行衬托表现。一是以宫女们的娇小、稚嫩，以她们或执扇或抬辇、或侧或正、或趋或行的体态来映衬唐太宗的壮硕、深沉与凝定，是为反衬；二是以禄东赞的诚挚谦恭、持重有礼来衬托唐太宗的端肃平和、蔼然可亲之态，是为正衬。

知识链接

文成公主出嫁的消息传到吐蕃以后，松赞干布亲率欢迎队伍由拉萨出发直奔青海迎接。松赞干布高兴地说："我今天能娶上国大唐公主，实在荣幸。我要为公主建造一座城，作为纪念，让子孙万代都要与上国大唐永远亲和。"他按照唐朝的建筑风格，在拉萨修建了城郭和宫室，这就是现在的布达拉宫。

32.布衣平民发明的活字印刷术

历史名片

活字印刷术，中国古代四大发明之一。北宋庆历年间（1041 ~ 1048年）毕昇发明的泥活字标志活字印刷术的诞生，他是世界上第一个发明人。活字印刷的方法是先制成单字的阳文反文字模，然后按照稿件把单字排列在字盘内涂墨印刷。

历史档案

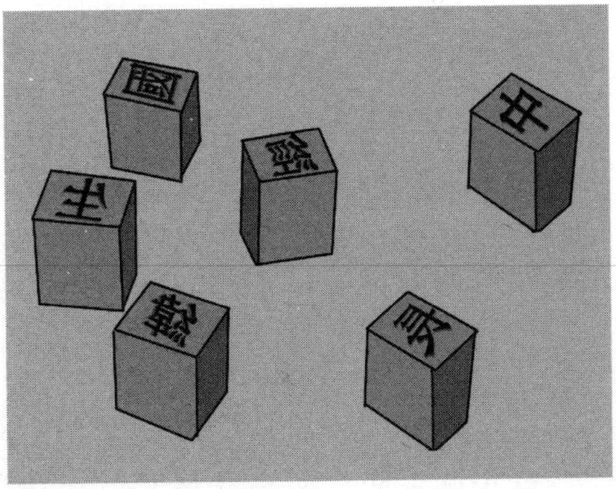

自唐朝后期以来，雕版印刷术对文化的传播、普及和提高，起着越来越重要的作用。到了北宋时，雕版印刷术得到飞速发展。宋仁宗庆历年间，布衣毕昇又在雕版印刷术的基础上发明了活字印刷术。毕昇的方法是：用胶泥做成一个个规格一致的毛坯，在一端刻上反体单字，字划突起的高度像铜钱边缘的厚度一样，用火烧硬，成为单个的胶泥活字。毕昇发明活字印刷，提高了印刷的效率。但是，他的发明并未受到当时统治者和社会的重视；他死后，活字印刷术仍然没有得到推广，他创造的胶泥活字也没有保留下来。但是他发明的活字印刷技术却流传下来了。

知识链接

雕版印刷出现于唐朝后期。雕版印刷的第一步是制作原稿；然后将原稿反转过来摊在平整的大木板上，固定好；接着由各种技术水平的工匠在木板上雕刻上、画上或写上原稿。然后在木板上刷上墨，在印刷机中加压形成原稿的复制品。

33.世界最早使用的纸币——交子

历史名片

交子，北宋于仁宗天圣元年（1023年）发行的货币。曾作为官方法定的货币流通，称作“官交子”。交子是中国最早由政府正式发行的纸币，也被认为是世界上最早使用的纸币，比美国等西方国家发行纸币要早六七百年。

历史档案

最初的交子实际上是一种存款凭证。北宋初年，四川成都出现了为不便携带巨款的商人经营现金保管业务的“交子铺户”。存款人把现金交付给铺户，铺户把存款数额填写在用楮纸制作的纸卷上，再交还存款人，并收取一定保管费。这种临时填写存款金额的楮纸券便称为“交子”。随着市场经济的发展，交子的使用也越来越广泛，许多商人联合成立专营发行和兑换交子的交子铺。后来交子铺户在经营中发现，只动用部分存款，并不会危及交子信誉，于是他们便开始印刷有统一面额和格式的交子，作为一种新的流通手段向市场发行。这样“交子”逐渐具备了信用货币的特性，真正成为了纸币。

知识链接

宋徽宗大观元年（1107年），宋朝政府改“交子”为“钱引”。钱引与交子的最大区别，是它以“缗（mín）”为单位。钱引的纸张、印刷、图画和印鉴都很精良。但钱引不置钞本，不许兑换，随意增发，因此纸券价值大跌，到南宋嘉定时期，每缗只值现钱一百文。

34. “太上玄门正宗”——全真教

历史名片

全真教，又称全真道或全真派，中国道教的最重要派别，创立于金朝初期。因创始人王重阳在山东宁海自题所居庵为全真堂，入道者称全真道士而得名。全真教被天下奉为“太上玄门正宗”。

历史档案

全真教创建于金大定年间（1161～1189年）。全真教是后期道教最大的派别之一，元代以来与正一派一起延续至今。全真教“三教合一”（佛教、道教、儒教）的思想非常鲜明，这是其重要的特征之一。全真教仿效佛教禅宗，不立文字，在修行方法上注重内丹修炼，反对符箓与黄白之术，以修身养性为正道，以识心见性、除情去欲、忍耻含垢、苦己利人为宗。全真教规定道士必须出家住道观，不得蓄妻室，并制定了严格的清规戒律，这一点和正一道很不相同。全真教以全老庄之真为宗旨，摒弃了前代迷信的色彩从更高的地方向老庄回归，并逐渐包容合并了太一道、真大道和金丹南宗，虽提倡“三教合一”但从未敢离道，开启了道教浓墨重彩的新篇章。

知识链接

元朝前期，全真龙门派祖师丘处机在中亚机遇成吉思汗，成就了“一言止杀”的历史性创举与汉蒙佳话，获得成吉思汗崇奉而呼之为“神仙”，拜之为国师，掌管天下道教乃至所有宗教事务，为全真道乃至整个道教的大发展奠定了坚实基础。以此为契机，在丘处机及其弟子们的推动下，全真道发展至鼎盛。

35.禁锢思想的"八股取士"

历史名片

八股取士，明成化年间（1465～1487年），科举考试用排偶文体阐发经义，称为"八股"，亦称"时文""制义"或"制艺"。以后便承袭下来，格式愈益严格，文章越发空虚，直至清末光绪二十四年（1898年）戊戌变法时才废除，光绪三十一年（1905年）科举制被废除。

历史档案

所谓八股文，每篇由破题、承题、起讲、入题、出题、起股、中股、后股、束股、落下十个部分组成。起股至束股才是正式议论中心。这四股中，每股又都必须有两股排比对偶的语句，一般是一反一正，一虚一实，一浅一深，亦有联属者，共合八股，故名八股文。"八股取士"只许在四书五经范围内命题，代圣贤立言，依格式填写，文体严格限于八股文，应考者不能发挥个人见解。明清取士以科举为重，而科举又以八股文为主，于是教育重心就完全放在如何教八股文与如何做八股文上，严重束缚了学子的思想与才华。

知识链接

明朝的科举考试分三级进行。省级考试叫乡试，及格者称为举人；举人到京参加会试，合格者称为贡士；贡士再参加皇帝主持的殿试，考中者称为进士。进士的前三名分别称为状元、榜眼和探花。中举的知识分子，都能享受一些特权，可以免除差役和税粮，进士都有官做。但是，这些人很多都是没有真才实学的。

36.大清王朝特有的“八旗制度”

历史名片

八旗制度，中国清代满族的社会组织形式。旗，满语为gusa，汉译固山。八旗制度是由努尔哈赤根据旧的牛录制度，通过改进与发展创立起来的。满洲人运用此军事组织制度建立了清朝。

历史档案

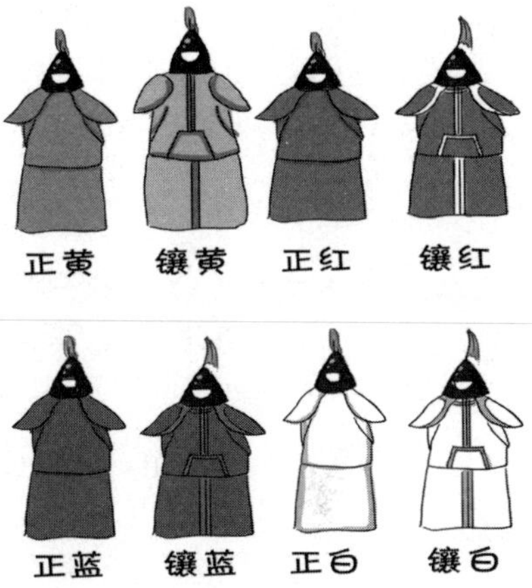

牛录原意为“大披箭”。努尔哈赤先是仿照此俗，编立牛录，以率众来投之部长为牛录额真，辖其属人，或授功臣猛将为牛录额真，统辖分与他们的女真。随着征战的胜利、辖区的扩大，牛录越来越多，但牛录之间人丁多寡不一，且牛录已演变为固定的社会基层组织，屯垦田地，征丁披甲，纳赋服役，皆以牛录为计算单位。努尔哈赤在此基础上加以改组、发展、扩大和定型，创立八旗制度。1601年，旗分黄、白、红、蓝四色，三百丁为一牛录。1615年，“将此四色镶之为八色，成八固山（八旗）”，正式确立了延续近三百年的清朝特有的八旗制度。

知识链接

八旗又有上三旗与下五旗的区别。顺治七年（1650年）多尔衮死后，清世祖福临为了加强对八旗的控制，对八旗的顺序进行了调整。由皇帝控制的镶黄、正黄、正白三旗，称为上三旗；由诸王、贝勒统辖的正红、镶红、正蓝、镶蓝、镶白五旗，称为下五旗，此后便一直沿用至清朝灭亡。

参考文献

[1] 王鑫．历史趣闻[M]．北京：北京联合出版公司，2015.

[2] 王荣泰，王琳涵．历史烟云[M]．北京：新华出版社，2015.

[3] 李玉．历史秘闻[M]．郑州：中原农民出版社，2015.

[4] 王斌．历史百科一点通[M]．北京：海潮出版社，2012.

[5] 李睿．每天一个历史趣味常识 有关中国历史的500个问题[M]．北京：新世界出版社，2010.

[6] 文道．每天一堂趣味历史课[M]．北京：人民邮电出版社，2013.

[7] 黄岩，范传南，李森．中国历史百科知识[M]．长春：吉林人民出版社，2012.

[8] 文渊．历史的教训 你不可不知的历史典故[M]．北京：红旗出版社，2015.